MARC FOSH

MALLORCA

MARC FOSH

MALLORCA

AUTHENTISCHE REZEPTE VON
DER SONNENINSEL

südwest

Impressum

Für meinen verstorbenen Vater, ich danke dir für deine stete Ermutigung und Unterstützung während meiner gesamten Karriere. Für Jessica, Bruno und Gabriela, möget ihr lernen, Essen so sehr zu lieben wie ich, und möge jede eurer Mahlzeiten glücklich, mit Liebe und Lachen erfüllt sein.

1. Auflage © der deutschsprachigen Ausgabe 2020 by Südwest
Verlag, einem Unternehmen der Verlagsgruppe Random House GmbH, Neumarkter Straße 28, 81673 München.

Die Originalausgabe erschien 2019 unter dem Titel „Modern Mediterranean: Sun-drenched recipes from Mallorca and beyond“ im UK und den USA bei Nourish, einem Imprint von Watkins Media Limited, Unit 11, Shepperton House, 83–93 Shepperton Road London N1 3DF,
enquiries@nourishbooks.com

Für die deutsche Ausgabe:
Redaktionsleitung: Eva Wagner
Übersetzung: Barbara Rusch, München
Redaktion: Ulrike Kraus, Köln
Bildredaktion: Tanja Zielezniak
Satz und Umschlag: OH, JA! (www.oh-ja.com), München

Reproduktion: Regg Media GmbH, München
Druck und Bindung: DZS Grafik d.o.o., Ljubljana

Printed in Slovenia

ISBN 978-3-517-09926-2

MIX
Papier aus verantwortungsvollen Quellen
FSC
www.fsc.org
FSC® C106600

Verlagsgruppe Random House FSC ® N001967

Hinweise zu den Rezepten
Außer wenn anders angegeben:
Verwenden Sie mittelgroßes Obst und Gemüse.
Verwenden Sie frische Kräuter, Gewürze und Chilis.
Verwenden Sie Obst, Gemüse, Kräuter und Chilis stets gewaschen.
Verwenden Sie Bio-Eier aus Freilandhaltung der Größe M.
Verwenden Sie Kristallzucker.
1 TL = 5 ml
1 EL = 15 ml

Inhalt

3ª PM-1-1-2000

Die Suche nach Sonne

Vorwort

Vor fast 25 Jahren zog ich nach Mallorca, um hier zu leben und zu arbeiten. Meine Ausbildung zum Chef de Cuisine hatte ich zuvor in London absolviert; dort sammelte ich meine ersten Erfahrungen in den Sternerestaurants, deren Schwerpunkt damals auf traditionellen französischen Techniken, reichlich Sahne und Butter lag. Auf der Suche nach ein wenig Sonne und einer leichteren Küche verbrachte ich anschließend drei wunderbare Jahre damit, mich durch die baskische Stadt San Sebastián – Spaniens kulinarische Kapitale – zu kochen, bis ich schließlich wissensdurstig und mit einer neu entfachten Leidenschaft für die mediterrane Küche und deren Lebensmittel auf Mallorca ankam. Im Vergleich zum Feinschmeckermekka San Sebastián war die Gastronomieszene Mallorcas weitaus gesetzter – doch die einheimischen Produkte waren dank des einzigartigen Klimas der Insel spektakulär. Ich wusste sofort, dass Mallorca das perfekte Fleckchen Erde sein würde, um dort ein Restaurant zu eröffnen.

Bevor ich nach Mallorca kam, hatte ich keine Ahnung von der Schönheit und Vielfalt dieser Insel. Wenn man zum ersten Mal über die Insel fliegt, erkennt man schnell, dass sie sehr grün ist, mit wunderschönen Bergketten und einer der atemberaubendsten Küsten des Mittelmeers. Bei Fahrten quer durch Mallorca entdeckt man zahllose Mandel-, Oliven- und Orangenhaine in der traumhaften Landschaft. Ich verliebte mich Hals über Kopf in die Insel.

Mallorcas regionale Küche hat ihre Wurzeln in den ländlichen, bäuerlichen Traditionen des Mittelmeerraums, hinzu kommen arabische und maurische Einflüsse. Auf den ersten Blick scheint sie kein großes Spektrum zu bieten, doch kaum kratzt man ein wenig an der Oberfläche, schon entdeckt man eine reiche Vielfalt an überraschenden Geschmackskombinationen und zahlreichen interessanten traditionsreichen Gerichten aus lokalen Zutaten. Weit entfernt vom spanischen Festland, waren auf dieser kleinen Insel lange vor dem Aufkommen des Tourismus Fischerei und Landwirtschaft absolut überlebensnotwendig. Dementsprechend strotzt Mallorca vor fantastischen saisonalen Zutaten, die in herrlichem Klima und auf fetten, fruchtbaren Böden gedeihen.

Mit dem Einzug des Tourismus hat sich die gastronomische Landschaft Mallorcas enorm verändert. Heute floriert auf der ganzen Insel eine äußerst spannende und dynamische Restaurantszene mit talentierten jungen Köchen, die aus lokalen Zutaten mediterrane Gerichte in großartigen Variationen zubereiten. In solchen Restaurants kann man die Leidenschaft und Philosophie jedes einzelnen Chefs wirklich spüren, und ich bin stolz darauf, dass viele dieser jungen Köche auf ihrem Weg irgendwann einmal auch durch meine Küche gegangen sind. Geändert hat sich auch die traditionelle Landwirtschaft der Insel. Heute produziert eine ganze Reihe kleiner Erzeuger wunderbare handwerkliche Zutaten, und auf den Märkten wird eine größere Auswahl an fantastischen, lokal angebauten

Lebensmitteln angeboten, die uns inspirieren. Mallorca hat sich zu einer echten kulinarischen Destination entwickelt.

MODERNE MEDITERRANE KÜCHE

Man kann wahrscheinlich durchaus sagen, dass wir hier auf den Balearen immer stark auf lokale Produkte gebaut haben, was wir für selbstverständlich hielten, und ganz sicher wussten wir nicht, wie wir die Geschichte unserer großen Köche, Lieferanten und Produzenten effektiv nach außen verkaufen konnten. Als Gast in einem Restaurant wie dem unseren entdecken Sie sehr schnell, dass unser Bio-Olivenöl *(aceite de oliva orgánico extra virgen)* von meinem Freund Pep Solivellas aus dem Dorf Pollença stammt und das Meersalz *(flor de sal)* gleich von der Küste bei Es Trenc. Auf unserer Speisekarte wimmelt es von lokalen Zutaten: Sóller-Garnelen, junge Mandeln, Meerfenchel, Salz-Alant, Trüffeln und Wildpilze aus den Bergen, frischer Fisch aus dem Mittelmeer und zartes Lamm und Spanferkel aus der Umgebung. Wenn man zudem bedenkt, dass mindestens 60 Prozent der Weine auf unserer Karte aus den Bodegas der Insel stammen und von kleinen, passionierten Weingütern aus einheimischen Rebsorten hergestellt werden, wird langsam klar, dass Mallorca eine erstaunliche Vielfalt an fantastischen Produkten direkt vor der Haustür bietet.

„Ist Mallorca Europas beste Insel für Feinschmecker?", fragte sich vor nicht allzu langer Zeit die britische Zeitung „The Telegraph". Ich glaube wirklich, dass sie das sein kann und wir gerade erst begonnen haben, unsere Geschichte zu erzählen, während wir das nächste Kapitel der kulinarischen Chronik dieser schönen Insel schreiben. Die Revolution der mallorquinischen Küche ist mittlerweile in vollem Gang: Wir haben auf der Insel einige innovative Köche, die mit guten lokalen, biologischen und saisonalen Produkten kochen, die traditionelle, mediterrane Rezepte interpretieren und gleichzeitig Farben, Frische, Aromen und Texturen der Region beibehalten. Wir bauen auf der reichen Geschichte, dem Erbe und den Traditionen des Mittelmeers auf und verwandeln das Ganze in etwas Neues.

NULL KILOMETER

Im Restaurant Marc Fosh sind wir vehemente Verteidiger der kulturellen Werte, die durch die lokale Gastronomie vermittelt werden. Basis unserer Verkostungsmenüs sind die besten lokalen Produkte von den Balearen, Ideen und Inspiration holen wir uns aus dem ganzen Mittelmeerraum. Die Philosophie hinter unseren Menüs ist einfach: Essen schmeckt am besten, wenn es aus regionalen, saisonalen Zutaten hergestellt wird. Nur wenn man das Wesen einer Zutat versteht und respektiert, ist man auf dem richtigen Weg, um ihren Geschmack durch das Zubereiten zu verbessern. Unsere Küche orientiert sich an der Natur und folgt dem Lauf der Jahreszeiten; einige der Zutaten bauen wir auf unserem eigenen Bauernhof an.

Wir unterstützen intensiv die lokale Produktion und bewundern die Werte der Slow-Food-Bewegung, die verantwortungsbewussten Konsum, ökologische Landwirtschaft, saisonale Lebensmittel, die Nichtverwendung genetisch veränderter Produkte und die Verwendung lokaler Zutaten aus einem Umkreis von 100 Kilometern vertritt. Diese „Null Kilometer" genannte Philosophie ist im Moment ziemlich angesagt. Ihr Ziel ist im Wesentlichen, die Auswirkungen des Menschen auf die Umwelt zu begrenzen – durch weniger Fliegen, Fahren und Kraftstoffverbrauch einen kleineren ökologischen Fußabdruck zu hinterlassen. Durch die Verwendung von Produkten frisch vom Bauernhof wissen wir, dass sie voller Nährstoffe stecken und in der Regel nicht mit Chemikalien besprüht werden müssen, damit sie den langen Weg in die Restaurantküche überstehen. Global zu denken und lokal zu beziehen ist nicht nur politisch korrekt, sondern auch persönlich lohnend für den Landwirt, den Koch und den Konsumenten. Jeder gewinnt. Unter dem Strich vertrauen wir vollkommen auf die wunderbaren regionalen Produkte unserer Lieferanten, und ohne sie wären wir aufgeschmissen.

F·OSH

MODERN MEDITERRAN ZU HAUSE

Dieses Buch lädt Sie ein, die Aromen des Mittelmeers auf der Basis von 18 meiner Lieblingszutaten selbst zu kreieren. Jeder einzelnen Zutat ist ein eigenes Kapitel gewidmet, in dem Sie sowohl süße als auch herzhafte Rezepte finden können. Die Zutaten sollen Sie anregen, Gerichte aus frischen, saisonalen Lebensmitteln zu kochen, die sich zu Hause leicht zubereiten lassen.

Gute Zutaten sind der erste wichtige Schritt bei jedem Rezept. Und dafür empfehle ich Ihnen, auf Ihrem (Wochen-)Markt einzukaufen. Über einen geschäftigen Markt zu bummeln, macht immer Spaß, und eine Augenweide ist es auch. Ich liebe es, vom Restaurant aus um die Ecke zum „Mercat de l'Olivar" in Palma zu spazieren – dort kaufen Einheimische und Köche ihre Lebensmittel ein –, ich genieße die Gerüche und bewundere, wie schön die Verkäufer ihre Produkte ausstellen, von den aufgehängten Schinken und Würsten bis hin zum kunstvoll gestapelten Obst und Gemüse. Mein Favorit ist wahrscheinlich die Fischabteilung: Jeden Tag quillt sie mit fantastisch frischem Fisch und Meeresfrüchten über und wie oft ich sie auch besuche, sie inspiriert mich stets von Neuem. Eine gute, frische, saisonale Zutat – einfach zubereitet – ist für Gäste weitaus verlockender, egal ob man in einem Sternerestaurant oder für die Familie und Freunde zu Hause kocht. Wenn Sie auf dem lokalen Markt einkaufen, unterstützen Sie auch die regionale Landwirtschaft, was wiederum bedeutet, dass Sie das ganze Jahr über saisonale, frische und reife Zutaten essen können. Dies ist eine gute Art und Weise, die Gesundheit zu fördern, darüber hinaus bin ich fest überzeugt, dass regionale Lebensmittel einfach besser schmecken.

Wie so viele vielbeschäftigte Menschen möchte ich, wenn ich zu Hause koche, mich nicht stundenlang mit komplizierten Rezepten abplagen. Meine Philosophie beim Kochen für Freunde und Familie ist, das Essen einfach, frisch und mediterran zu halten. Vor allem soll es die Art von Gericht sein, die Menschen an einem Tisch zusammenbringt, um gemeinsam zu essen, Wein zu trinken und miteinander zu reden. Schließlich ist Essen ein gemeinschaftliches Erlebnis – für uns im Mittelmeerraum gehört es zu den größten Freuden des Lebens. Viele der Rezepte in diesem Buch sind einfache Eintopfgerichte, die Sie direkt auftafeln können. Einige sind etwas raffinierter, wenn Sie bei einem besonderen Anlass beeindrucken wollen, aber alle sind ganz einfach zu kochen und werden mit Zutaten zubereitet, die in den meisten Supermärkten leicht erhältlich sind.

Wenn Sie planen, für Freunde oder Familie zu Hause zu kochen, können Sie sich Ihr Leben um einiges erleichtern, wenn Sie so viel wie möglich im Voraus vorbereiten und organisieren. Haben Sie keine Angst, dass Sie ein Rezept ruinieren, indem Sie eine Zutat ersetzen oder eine andere weglassen; nicht selten entstehen die besten Rezepte durch Ausprobieren. Denken Sie daran, dass ein Rezept keine Seele besitzt. Sie als Koch müssen ihm die Seele einhauchen. Wenn Sie keine Leidenschaft aufbringen, werden Sie wahrscheinlich enttäuscht sein. Zu Hause zu kochen darf keine lästige Pflicht sein – es sollte Spaß machen. Sehen Sie es vor allem als Möglichkeit, Ihre kreativen Talente freizusetzen, Stress abzubauen und Ihre Geschmacksnerven zu verwöhnen.

Ich hoffe, dass diese Rezepte ein wenig warme Mittelmeersonne in Ihre Küche bringen, Sie inspirieren und beim Nachkochen zu Hause so wunderbar entspannen, wie es sein soll. Alle traditionellen Gerichte in diesem Buch stammen aus der genussvollen Seele Mallorcas, so wie wir sie lieben, und dienen somit als Basis für meine „Nueva Cocina Mallorquina", die wir in unserem Restaurant ständig weiterentwickeln. ¡Hola und willkommen zur spannenden Begegnung auf Gaumenhöhe im FOSH und viel Spaß beim Kochen!

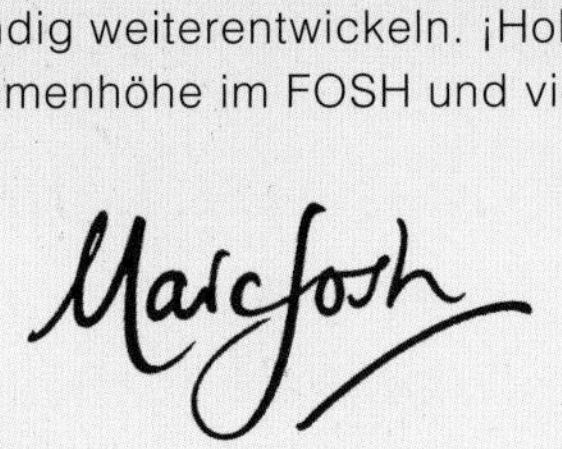

Mandeln

[Almendras]

Spanien ist der zweitgrößte Mandelproduzent der Welt; Mandeln wachsen überall in den spanischen Mittelmeerregionen Katalonien, Valencia, Murcia, Andalusien, Aragón und auf den Balearen. Traditionell schlug man bei der Ernte im September mit langen Stöcken auf die Äste der hilflosen Mandelbäume ein, damit sie ihre Früchte herausrückten und in die Netze abwarfen, die am Boden warteten. Aber diese Methode verschwindet gerade schnell in der Versenkung, was kaum überrascht. Ich habe sie vor einigen Jahren selbst ausprobiert, und sie ist ein unerträglich harter Knochenjob, der mir Mandeln fast ein für alle Mal vermiest hätte. Heute hören Sie eher das schreckliche Dröhnen der mechanischen Baumschüttler, die die Bäume brutal packen und so lange schütteln, bis sie sich ergeben.

Mandeln werden seit der Antike kultiviert und sind oft in der Bibel erwähnt, ihr genauer Ursprung ist allerdings unklar. Im Gegensatz zum Orangenbaum, der regelmäßig gegossen werden muss, ist der Mandelbaum extrem anspruchslos. Die benötigte Feuchtigkeit erhält er durch seine Wurzeln, die sich tief in den Boden ausbreiten. Spanische Mandeln sind in der Regel von hervorragender Qualität, da sie vorwiegend im Trockenfeldbau in kleinen Obsthainen gezüchtet werden. Diese sind zwar weniger produktiv als extensive, bewässerte Obstplantagen, die Mandeln besitzen jedoch einen höheren Ölgehalt, weshalb sie saftiger und geschmackvoller sind.

Mandeln gehören zur selben Familie wie Kirschen, Aprikosen und Pfirsiche. Die zart aromatischen Nüsse werden in der ganzen Welt sowohl in süßen als auch in herzhaften Gerichten verwendet und oft mit Schokolade, Äpfeln, Birnen, Erdbeeren, Aprikosen und frischen Feigen kombiniert. Die Spanier haben Hunderte von Rezepten für Mandeln erfunden und sie tauchen in allen möglichen süßen Backwaren und Keksen auf, auch im berühmten *turrón* (Nougat) und im Mandelbiskuitkuchen *gato*. Oft werden sie zum Binden von Suppen und Saucen verwendet und bilden die Grundlage für *ajo blanco malagueño*, eine erfrischende kalte Mandel-Knoblauch-Suppe aus Andalusien.

Eine aktuelle Studie hat gezeigt, dass Mandeln die Gesundheit von Menschen mit hohen Cholesterinwerten verbessern können, da das in ihnen enthaltene Fett wie in Olivenöl überwiegend einfach ungesättigt ist. Sie sind kohlenhydratarm, reich an Vitamin E und eine gute Proteinquelle. Aufgrund ihres hohen Kaloriengehalts halten sich Experten jedoch zurück, sie Personen zu empfehlen, die Diät halten müssen. In moderaten Mengen genossen und vorausgesetzt, sie sind natürlich, ohne Zusatz von Salz und Ölen, können Nüsse sehr gesunde und ernährungsphysiologisch wertvolle Lebensmittel sein.

Mallorquinischer Puteneintopf

mit Mandeln

[Escaldums de pavo mallorquín]

- *Für 4 Portionen*
- *Vorbereitungszeit: 20 Minuten*
- *Garzeit: 25 Minuten, plus 6–8 Minuten zum Durchziehen*

150 ml	Olivenöl
1	Putenbrust ohne Haut, gewürfelt
1	Zwiebel (vorzugsweise aus Spanien), fein gehackt
2	Knoblauchzehen, zerdrückt
1 EL	Oregano, gehackt
2	Lorbeerblätter
200 ml	trockener Weißwein
150 ml	trockener Sherry
300 ml	Hühnerbrühe (Bouillon)
1 kg	Kartoffeln, geschält und gewürfelt
+	Meersalz und frisch gemahlener schwarzer Pfeffer
50 g	geröstete Mandelkerne
2	Scheiben altbackenes Weißbrot
1 EL	glatte Petersilie, gehackt

Das Olivenöl in einem schweren Topf bei mittlerer Hitze erhitzen und die Putenbrustwürfel darin braun anbraten. Zwiebeln, Knoblauch, Oregano und Lorbeerblätter dazugeben und 3–4 Minuten braten, bis die Zwiebeln goldbraun sind. Mit Weißwein, Sherry und Hühnerbrühe aufgießen und zum Kochen bringen. Die Kartoffeln dazugeben, mit Meersalz und Pfeffer würzen. Die Hitze reduzieren und den Eintopf 20 Minuten lang sanft köcheln lassen.

Mandelkerne und altbackenes Brot in einer Küchenmaschine oder einem Mörser zu einer groben Paste verarbeiten. Den Eintopf vom Herd nehmen und mit der Mandelmasse bestreuen. Den Topf verschließen und den Eintopf 6–8 Minuten ziehen lassen. Mit gehackter Petersilie bestreuen und servieren.

Kalte Mandel-Knoblauch-Suppe

mit marinierten Sardinen und Kirschen

[Ajo blanco malagueño con sardinas marinadas y cerezas]

- *Für 4 Portionen*
- *Vorbereitungszeit: 25 Minuten, plus mind. 5–7 Stunden zum Marinieren und Kühlen*
- *Garzeit: 35–40 Minuten*

Für die Sardinen:

12	Sardinen, geputzt und filetiert
200 g	Meersalz
200 g	feinster Zucker (Kastorzucker)
200 ml	Olivenöl

Für die Suppe:

180 g	Mandelkerne, geschält
3	Knoblauchzehen, geschält
600 ml	Milch
250 ml	Wasser
50 g	frisches Weißbrot
2 EL	Sherryessig
150 ml	Olivenöl
+	Meersalz und frisch gemahlener schwarzer Pfeffer
12	frische Kirschen, entsteint und halbiert (zum Garnieren)

Ajo blanco ist kinderleicht zuzubereiten und lässt sich 2–3 Tage im Kühlschrank aufbewahren. Das Gericht wird manchmal auch *Gazpacho blanco* (weiße Gazpacho) genannt, ist tatsächlich jedoch ursprünglich Jahrhunderte älter als Gazpacho und geht auf die Invasion der Mauren zurück, denen wir auch unseren Überfluss an Mandeln hier auf Mallorca verdanken.

Zuerst die marinierten Sardinen zubereiten. Dazu die Filets mit der Hautseite nach oben auf eine große Platte legen. Salz und Zucker gut vermengen und die Sardinenfilets vollständig mit der Mischung bedecken. Den Fisch in den Kühlschrank stellen und 1–2 Stunden marinieren.

Danach die marinierten Sardinenfilets mit kaltem Wasser abspülen und das gesamte Salz entfernen. Den Fisch mit Papiertüchern abtrocknen. Sardinenfilets in eine saubere Schüssel legen, mit Olivenöl bedecken und bis zur weiteren Verwendung kalt stellen.

In der Zwischenzeit für die Suppe Mandelkerne und Knoblauchzehen in einen schweren Topf geben. Milch und Wasser dazugießen, die Mandeln bei niedriger Hitze 30–35 Minuten kochen, bis sie weich und durchgegart sind. Das Brot dazugeben und weitere 3–4 Minuten kochen. Den Topf vom Herd nehmen und die Mischung etwas abkühlen lassen. Die Mischung in eine Küchenmaschine füllen, den Sherryessig dazugeben und alles pürieren. Das Olivenöl einrühren und das Püree mit Salz und Pfeffer abschmecken, dann durch ein feines Sieb in eine Schüssel passieren. Im Kühlschrank mindestens 3–4 Stunden kalt stellen.

Zum Servieren den kalten Ajo blanco auf 4 Suppenschalen verteilen, mit marinierten Sardinen und frischen Kirschen garnieren. Sofort servieren.

Menjar blanc

mit Rosenwasser-Himbeer-Granatapfel-Sirup

[Menjar blanc con agua de rosas y granadas]

- *Für 4 Portionen*
- *Vorbereitungszeit: 10 Minuten, plus 4–6 Stunden zum Kühlen*
- *Garzeit: 14–17 Minuten*

Für den Menjar blanc:

800 ml	Milch
200 g	geschälte Mandelkerne, gehackt
1	Vanilleschote, längs aufgeschnitten
50 g	Stärkemehl
225 g	feinster Zucker (Kastorzucker)
1	Zimtstange
+	abgeriebene Schale von 1 Bio-Zitrone
+	frische Minzeblätter (zum Garnieren)

Für den Sirup:

120 ml	Wasser
1 EL	Granatapfelmelasse
60 g	feinster Zucker (Kastorzucker)
4 EL	Granatapfelkerne
200 g	frische Himbeeren, püriert
2–3	Tropfen Rosenwasseressenz

Menjar blanc ist eine katalanische Mandelcreme, deren Ursprung ins Mittelalter zurückreicht. Sie ist bereits im ältesten katalanischen Kochbuch aus dem Jahr 1324 beschrieben und wird heute in verschiedenen Formen im gesamten Mittelmeerraum und darüber hinaus zubereitet. Auf Menorca wird sie traditionell mit Reismehl eingedickt und mit Vanille gewürzt.

Für den Menjar blanc in einem schweren Topf die Milch zusammen mit Mandeln und Vanilleschote zum Kochen bringen. Die Hitze reduzieren und die Mischung 3–4 Minuten köcheln lassen. Den Topf vom Herd nehmen und die Mandelmilch abkühlen lassen.

Die abgekühlte Mandelmilch durch ein feines Sieb in einen Messbecher gießen. 100 Milliliter davon in eine separate Schüssel füllen und das Stärkemehl einrühren.

Die restliche Milch in den Topf zurückgießen. Zucker, Zimtstange und Zitronenschale dazugeben und zum Kochen bringen. Die Maismehl-Milch-Mischung konstant einrühren, bis die Milch anzudicken beginnt. Die Zimtstange wieder entfernen und die Mandelmilch in Gläser, Auflaufförmchen oder Puddingformen gießen, dann im Kühlschrank 4–6 Stunden oder über Nacht abkühlen lassen.

In der Zwischenzeit den Sirup herstellen. Dazu in einem kleinen Topf bei mittlerer Hitze Wasser, Granatapfelmelasse und Zucker 5 Minuten lang miteinander verrühren, bis sich der Zucker aufgelöst hat. Den Sirup zum Kochen bringen, dann 1–2 Minuten köcheln lassen, bis er eindickt. Granatapfelkerne, Himbeerpüree und Rosenwasseressenz unterrühren. Die Mischung bis zur Verwendung im Kühlschrank abkühlen lassen.

Zum Servieren die Mandelcremes mit der Spitze eines scharfen Messers vorsichtig an den Kanten der Formen lösen und auf kleine Dessertteller stürzen. Den Granatapfelsirup rund um die Cremes löffeln und mit frischen Minzeblättern garnieren.

Süßkartoffel-Mandel-Buñuelos

mit Aprikosen-Blütenpollen-Sauce

[Bunyols de boniato y almendra con salsa de albaricoque y polen]

- *Für 6 Portionen (ergibt etwa 36–48 Buñuelos)*
- *Vorbereitungszeit: 20 Minuten, plus 30 Minuten zum Ruhen des Teigs*
- *Garzeit: 50 Minuten zum Backen der Süßkartoffeln, plus 15–25 Minuten zum Frittieren der Buñuelos*

Für die Buñuelos:

500 g	in der Schale gebackene, abgekühlte Süßkartoffeln
1	Ei
2	Eigelb
150 g	gemahlene Mandelkerne
50 g	Puderzucker
1 Prise	Zimtpulver
+	Pflanzenöl zum Frittieren
+	feinster Zucker (Kastorzucker; zum Bestreuen)

Für die Sauce:

200 ml	Wasser
100 g	feinster Zucker (Kastorzucker)
500 g	frische Aprikosen, entsteint
1 EL	Blütenpollen
1	Vanilleschote, längs aufgeschnitten

Buñuelos, oder *bunyols*, wie sie auf Mallorca genannt werden, sind ein einfaches, frittiertes krapfenähnliches Gebäck, das traditionell zu Fiestas und religiösen Festen zubereitet wird. *Buñuelos* sind zu Ostern äußerst beliebt und werden mit Mandel- oder Pinienkernen, Honig, Zimt und Orangenblütenwasser aromatisiert, was ihre arabischen Wurzeln zeigt. Die Süßkartoffeln werden am besten am Vortag gekocht, damit sie über Nacht ein wenig trocknen können.

Blütenpollen werden auf der ganzen Insel an Marktständen angeboten. Sie gehören zu den nahrhaftesten Lebensmitteln der Natur und verleihen der fertigen Sauce einen leicht blumigen, nussigen und bittersüßen Geschmack. Sie sind in den meisten Naturkostläden oder online erhältlich.

Für die Sauce alle Zutaten in einem mittleren Topf bei niedriger Hitze vermengen und 20 Minuten köcheln lassen. Die Mischung durch ein feines Sieb in einen Behälter passieren und bis zur Verwendung kühl stellen.

Für die Buñuelos die gebackenen, abgekühlten Süßkartoffeln schälen, in eine große Schüssel geben und mit einem Holzlöffel zu einem glatten Püree verarbeiten. Ei und Eigelbe unterrühren, dann gemahlene Mandeln, Zucker und Zimt dazugeben und alles sorgfältig zu einem glatten Teig verarbeiten. 30 Minuten beiseitestellen.

Zum Frittieren genug Öl in einem tiefen, schweren Topf auf 190 °C erhitzen bzw. bis ein Brotwürfel in 30 Sekunden braun wird. Zwei Löffel in heißes Wasser tauchen, damit kleine Teigkugeln formen und diese vorsichtig in das heiße Öl geben. Jeweils höchstens 5 oder 6 Teigkugeln gleichzeitig 2–3 Minuten rundum goldbraun frittieren, sie bei Bedarf vorsichtig mit einem Schaumlöffel wenden, damit sie gleichmäßig garen. Buñuelos dann mit einem Schaumlöffel herausholen und auf Papiertüchern abtropfen lassen. Gesamten Teig portionsweise frittieren, dabei das Öl nicht zu heiß werden lassen, da die Buñuelos sonst innen noch roh sind, wenn sie außen bereits braun frittiert sind.

Die Buñuelos mit etwas Zucker besprenkeln und 6–8 Stück pro Person warm mit der kalten Aprikosen-Blütenpollen-Sauce servieren.

Mallorquinischer Mandelkuchen

mit Orangenblüten und Kumquats

[Gató de almendras con flor de azahar y kumquats]

- *Für 8–10 Portionen*
- *Vorbereitungszeit: 20 Minuten*
- *Garzeit: 45–50 Minuten*

Für den Kuchen:

+	Butter oder Olivenöl (zum Einfetten)
8	Eigelb
350 g	feinster Zucker (Kastorzucker)
+	abgeriebene Schale von 1 Bio-Zitrone
1	Prise Zimtpulver
500 g	gemahlene Mandelkerne
6	Eiweiß
25 g	Puderzucker (zum Bestäuben)
+	Vanilleeis (zum Servieren; nach Belieben)

Für den Sirup:

15–20	frische Kumquats, halbiert
300 ml	Orangensaft
100 ml	Wasser
200 g	feinster Zucker (Kastorzucker)
2–3	Tropfen Orangenblütensirup

Den Ofen auf 180 °C vorheizen und eine tiefe Kuchenform von 20 Zentimetern Durchmesser mit Butter oder Olivenöl einfetten.

Für den Kuchen in einer großen Schüssel Eigelbe und Zucker mit einem elektrischen Handrührgerät zu einer leichten, lockeren Mischung verquirlen. Zitronenschale, Zimtpulver und Mandeln vorsichtig unterheben. Die Schüssel beiseitestellen.

In einer weiteren Schüssel mit einem sauberen Schneebesen die Eiweiße steif schlagen, bis sie Spitzen ziehen. Den Eischnee vorsichtig unter die Eigelbmischung heben, bis sich die Masse leicht verbindet. Den Teig in die vorbereitete Kuchenform gießen und im Ofen 45–50 Minuten backen, bis er goldgelb und gut aufgegangen ist. Ofen ausschalten und Ofentür öffnen, Kuchen im Ofen auf Zimmertemperatur abkühlen lassen.

Während der Kuchen abkühlt, den Kumquatsirup zubereiten. Dazu alle Zutaten in einen mittelgroßen Topf geben und bei mittlerer Hitze zum Kochen bringen. Die Hitze auf kleine Flamme reduzieren und die Mischung unter gelegentlichem Rühren 4–5 Minuten köcheln lassen, bis sie einzudicken beginnt. Den Topf vom Herd nehmen und beiseitestellen, bis der Kuchen serviert wird.

Den abgekühlten Kuchen vorsichtig aus der Form stürzen und mit Puderzucker bestäuben. Den Kuchen in Stücke schneiden, diese auf Tellern anrichten, mit dem Sirup begießen und servieren. Wer es besonders üppig mag, serviert zu jeder Portion 1 Kugel Vanilleeis.

Feigen-Mandel-Tarte

[Tarta de almendras y higos frescos]

- Für 8 Portionen
- Vorbereitungszeit: 30 Minuten, plus 50 Minuten zum Kühlen
- Garzeit: 30–35 Minuten

Für den Belag:

10	frische Feigen, längs halbiert
20	ganze Mandelkerne, frisch geschält
+	Puderzucker zum Bestäuben
+	Schlagsahne oder Vanilleeis (zum Servieren)

Für den Teig:

200 g	kalte Butter, gewürfelt
450 g	Weizenmehl plus ein wenig zum Bestäuben
1	Prise Salz
150 g	Puderzucker
3	Eigelb

Für die Frangipane-Creme:

6	Eigelb
130 g	feinster Zucker (Kastorzucker)
150 g	gemahlene Mandelkerne
50 g	Weizenmehl
1 ½ EL	Stärkemehl
500 ml	Milch
1	Vanilleschote, aufgeschnitten

Für den Teig Butter, Mehl und Salz in einer Küchenmaschine pulsierend verkneten, bis die Mischung Brotkrumen gleicht. Zucker und Eigelbe dazugeben und wieder gerade so lange pulsieren, dass die Eier eingearbeitet sind. Den Teig herausschaben, in Frischhaltefolie einwickeln und dann im Kühlschrank mindestens 30 Minuten kalt stellen.

Die Arbeitsfläche leicht mit Mehl bestäuben und den Teig etwa 3 Millimeter dick ausrollen. Eine runde Tarteform mit 20 Zentimeter Durchmesser mit dem Teig auslegen und mindestens 20 Minuten im Kühlschrank ruhen lassen.

Für die Frangipane-Creme Eigelbe und Zucker in einer Schüssel leicht und locker aufschlagen. Gemahlene Mandelkerne, Mehl und Stärkemehl dazugeben und alles gut vermischen.

Die Milch in einem schweren Topf zusammen mit der Vanilleschote aufkochen. Sobald die Milch kocht, die Hälfte in die Eigelbmasse gießen und dabei ständig umrühren. Die Mischung wieder in den Topf mit der restlichen Milch gießen und die Hitze auf kleine Flamme reduzieren. Die Milchmischung unter ständigem Rühren 2–3 Minuten kochen, bis sie eindickt. Die eingedickte Creme durch ein feines Sieb in eine saubere Schüssel passieren und abkühlen lassen.

In der Zwischenzeit den Ofen auf 180 °C vorheizen.

Die abgekühlte Frangipane-Creme auf den Teig in der Tarteform löffeln und mit einem Backspachtel glätten. Für den Belag die Feigen leicht in die Creme drücken. Den Belag mit geschälten Mandelkernen bestreuen und mit Puderzucker bestäuben.

Den Kuchen 25–30 Minuten backen, bis die Frangipane-Creme gar und an der Oberfläche leicht karamellisiert ist. Den Kuchen noch leicht warm zusammen mit Schlagsahne oder 1 Kugel Vanilleeis servieren.

Gebratene Birnen im Mandelmantel

mit Zimt-Brandy-Karamellsauce

- Für 4 Portionen
- Vorbereitungszeit: 20 Minuten
- Garzeit: 23–25 Minuten

[Pera asada en migas de almendras con caramelo de canela y brandy]

Für die Birnen die Früchte vorsichtig schälen, dabei jedoch die Stiele stehen lassen. Mit einem Apfelausstecher das Kerngehäuse der Birnen ausstechen, sodass eine kleine Aushöhlung entsteht.

In einem Edelstahltopf alle Zutaten für die Pochierflüssigkeit zum Kochen bringen. Die Birnen dazugeben und 6–8 Minuten lang vorsichtig pochieren. Den Topf vom Herd nehmen und die Birnen zum Abkühlen beiseitestellen.

Für die Sauce 400 Milliliter Pochierflüssigkeit abseihen, in einem separaten Topf aufkochen und etwa 5 Minuten reduzieren, bis sie Blasen wirft und zu karamellisieren beginnt. Die Zimtstange hinzufügen und die Flüssigkeit vom Herd nehmen. Brandy und Crème double vorsichtig unterrühren und gut vermischen. Die Sauce wieder aufkochen, dann vom Herd nehmen und verrühren. Die Sauce durch ein feines Sieb passieren und bis zum Servieren beiseitestellen.

In der Zwischenzeit den Ofen auf 180 °C vorheizen und ein Backblech mit Butter einfetten.

In einer flachen Schüssel gehackte Mandel- und Pistazienkerne mit dem braunen Zucker vermischen. Die Birnen in der Mischung wälzen, bis sie gleichmäßig bedeckt sind, auf das gefettete Backblech legen und im Ofen 6–8 Minuten braten.

Die Birnen vorsichtig auf 4 Teller legen und zusammen mit Zimt-Brandy-Karamellsauce und Vanilleeis servieren.

Für die Birnen:

4	große Birnen (Sorte Comice, Conference oder Packham)
+	Butter (zum Einfetten)
60 g	fein gehackte Mandelkerne
25 g	fein gehackte Pistazienkerne
2 EL	brauner Zucker (heller Muscovado)
+	Vanilleeis (zum Servieren)

Für die Pochierflüssigkeit:

1,2 l	Wasser
500 g	feinster Zucker (Kastorzucker)
+	Saft von 3 Zitronen
1	Zimtstange

Für die Sauce:

400 ml	Pochierflüssigkeit der Birnen
1	Zimtstange
100 ml	Brandy
200 g	Crème double

Schokolade

[Chocolate]

Nur wenige Menschen erliegen nicht den Verlockungen der Schokolade – sie zählt wahrscheinlich zu unseren beliebtesten Zutaten. Tatsächlich berichten viele Lebensmittelwissenschaftler, dass Schokolade weltweit das Lebensmittel ist, nach dem es die Menschen am meisten gelüstet.

Ich bin bekennender Schokoholiker, mein spezielles Laster ist dunkle, samtige Schokolade. Dunkle (Bitter-)Schokolade wird ohne Milch hergestellt, sie sollte mindestens 35 Prozent Gesamtkakaotrockenmasse und davon mindestens 18 Prozent Kakaobutter enthalten. Ich verwende am liebsten Schokolade mit 70–75 Prozent Kakaoanteil für köstliche Kuchen, Saucen oder Desserts.

Die eigentliche Geschichte der Schokolade, der „Speise der Götter" bei den Azteken, begann mit Kolumbus' Landung in Amerika. Damals hätte sich niemand jemals vorstellen können, welche Bedeutung die bitteren Kakaobohnen einmal besitzen würden. Im 16. und 17. Jahrhundert war Schokolade in fast allen spanischen Privathaushalten das bevorzugte Getränk. Auch heute noch gibt es in den meisten Großstädten Spaniens *chocolaterias*, die nur heiße Schokoladen, Churros und Gebäck servieren.

Seit ein paar Jahren bilden spanische Konditoren die Avantgarde einer Bewegung, die die bisherigen Grenzen der Chocolatierskunst infrage stellt und mit fantasievollen Schokoladendesserts neue Höhen erreicht, verrückte Ehen wie Schokolade und Speck stiftet oder sie mit Roter Bete, Avocado, Chili, Lavendel und sogar Blumenkohl kombiniert. Schokolade hat zudem in ganz Spanien ihren Weg in verschiedene herzhafte Gerichte gefunden und wird gerne zu Wild wie Rebhuhn, Wachtel, Hase und Wildbret serviert.

Weiße Schokoladensuppe

mit karamellisierten Feigen

[Sopa de chocolate blanco y yogur con higos caramelizados]

- *Für 4 Portionen*
- *Vorbereitungszeit: 10 Minuten, plus mind. 2 Stunden zum Kühlen*
- *Garzeit: 5 Minuten, plus 5 Minuten für die Feigen*

250 g	Crème double
100 ml	Milch
200 g	hochwertige weiße Schokolade, gehackt
100 g	Naturjoghurt
+	Saft von 1 Bio-Limette
+	abgeriebene Schale von ½ Bio-Limette
4	frische Feigen
2 EL	brauner Zucker

Dieses wunderbare Dessert ist extrem einfach zuzubereiten und die Textur der köstlichen Suppe ist herrlich glatt und samtig.

Crème double und Milch in einem mittelgroßen Topf aufkochen, dann vom Herd nehmen und die weiße Schokolade dazugeben. Wenn sie sich vollständig aufgelöst hat, Joghurt, Limettensaft und Limettenschale hinzufügen und alles gut miteinander verrühren. Die Mischung im Kühlschrank mindestens 2 Stunden kalt stellen.

Zum Servieren die Feigen halbieren, mit etwas braunem Zucker bestreuen und mit einem Flambierbrenner oder unter einem heißen Ofengrill karamellisieren.

Die weiße Schokoladensuppe auf 4 Suppenschalen verteilen und mit jeweils 2 karamellisierten Feigenhälften garnieren. Sofort servieren.

Churros

mit heißem Schokoladen-Orangenblüten-Dip

[Churros con chocolate y flor de azahar]

- *Für 4 Portionen (ergibt etwa 20 Churros)*
- *Vorbereitungszeit: 10 Minuten*
- *Garzeit: 25 Minuten*

Für den Dip:

250 g	dunkle (Bitter-) Schokolade, gehackt
+	abgeriebene Schale von ½ Bio-Orange
300 ml	Milch
1 TL	Stärkemehl
2–3	Tropfen Orangenblütenessenz

Für die Churros:

250 ml	Wasser
125 g	ungesalzene Butter
1	breiter Streifen Bio-Zitronenschale
200 g	Weizenmehl
1	Ei
+	Pflanzenöl (zum Frittieren)
+	4 EL Zucker (zum Bestreuen)
¼ TL	Zimtpulver (zum Bestäuben; nach Belieben)

Ohne Zweifel gehören Churros zur spanischen Gesellschaft, ähnlich wie Croissants in Frankreich und Bagels in New York. Als Jahrmarktsnack, Katermittel und Silvesterleckerei führen sie in Spanien die Beliebtheitsskala mit Abstand an – und zwar schon seit Jahrhunderten. Der frittierte Snack ist allgemein so beliebt, dass er heute Menschen aus allen Lebensbereichen vereint. Wenn Sie einen echten Querschnitt durch die spanische Gesellschaft sehen möchten, verbringen Sie ein paar Stunden in einer *churrería* oder einem Schokoladenhaus.

Für den heißen Dip Schokolade, Orangenschale und die Hälfte der Milch in einem Topf bei niedriger Hitze unter Rühren vorsichtig erhitzen, bis die Schokolade geschmolzen ist. Stärkemehl in restlicher Milch auflösen und in die geschmolzene Schokolade einrühren. Schokolade bei weiterhin niedriger Hitze unter ständigem Rühren 1–2 Minuten eindicken lassen. Die Orangenblütenessenz dazugeben und den Dip bis zum Servieren warm halten.

Für die Churros Wasser, Butter und Zitronenschale in einem Topf zum Kochen bringen. Die Zitronenschale wieder entfernen und wegwerfen. Die Hitze auf ein Minimum reduzieren und das Mehl unter kräftigem Rühren dazugeben, bis sich die Masse nach etwa 1 Minute sauber von den Seiten des Topfes löst und eine Kugel bildet. Den Topf vom Herd nehmen und das Ei unterheben. Den Teig weiter schlagen, bis er dick und glatt ist.

Den Teig in einen Spritzbeutel mit mittelgroßer (2,5 Zentimeter) geriffelter oder sternförmiger Spritztülle geben. Ausreichend Öl zum Frittieren in einem tiefen, schweren Topf auf 190 °C erhitzen oder bis ein Brotwürfel in 30 Sekunden braun wird.

Mit dem Spritzbeutel vorsichtig 10 Zentimeter lange Teigstreifen direkt ins heiße Öl drücken und mit einer Küchenschere sauber abschneiden. Jeweils 3–4 Teigstreifen gleichzeitig von beiden Seiten jeweils etwa 2 Minuten goldbraun frittieren. Mit einer Zange herausholen und auf Küchenpapier abtropfen lassen.

Die Churros noch heiß mit Zucker und Zimtpulver bestreuen. Den heißen Schokolade-Orangenblüten-Dip auf 4 Schälchen verteilen und alles zusammen servieren.

Schokoladentarte

mit Lavendel

[Tarta de chocolate y lavanda]

- *Für 6–8 Portionen*
- *Vorbereitungszeit: 20 Minuten, plus mind. 3 Stunden zum Kühlen*
- *Garzeit: 30 Minuten*

Für den Teig:

50 g	kalte ungesalzene Butter, gewürfelt
120 g	Weizenmehl plus ein wenig zum Bestäuben
1	Prise Meersalz
60 g	Puderzucker
1	Ei
1	EL kaltes Wasser

Für die Füllung:

100 g	ungesalzene Butter
180 g	dunkle (Bitter-) Schokolade, gehackt
1 EL	getrocknete Lavendelblüten
140 g	feinster Zucker (Kastorzucker)
80 g	Weizenmehl
6	Eier

Zum Servieren:

1 EL	dunkles ungesüßtes Kakaopulver (zum Bestäuben)
+	Vanilleeis
+	frische Beeren

Für den Teig Butter, Mehl und Salz in der Küchenmaschine pulsierend verkneten, bis die Mischung Brotkrumen gleicht. Zucker, Ei und kaltes Wasser dazugeben und erneut pulsieren, um das Ei einzuarbeiten. Die Mischung aus der Schüssel schaben und mit den Händen sanft zu einem festen Teig verkneten. Den Teig in Frischhaltefolie einwickeln und mindestens 30 Minuten kalt stellen.

Den Teig auf einer leicht bemehlten Arbeitsfläche 3 Millimeter dick ausrollen. Eine Tarteform mit 23 Zentimeter Durchmesser und herausnehmbarem Boden mit dem Teig auskleiden und mindestens 20 Minuten kalt stellen.

In der Zwischenzeit den Ofen auf 200 °C vorheizen.

Den kalten Teigboden mit einer Gabel mehrfach einstechen, mit Backpapier oder Backfolie bedecken und mit Blindbackbohnen (Kuchengewichten) beschweren. Den Teig 10 Minuten backen, bis er leicht goldbraun ist. Papier und Blindbackbohnen entfernen und den Boden weitere 3–4 Minuten im Ofen backen.

Für die Füllung Butter, Schokolade und Lavendelblüten in einem mittelgroßen Topf bei niedriger Hitze unter Rühren leicht erhitzen, bis Butter und Schokolade zu einer glatten Mischung verschmolzen sind. Die Mischung vom Herd nehmen, Zucker und Mehl unterrühren, dann die Eier nacheinander einzeln unterschlagen.

Die Mischung durch ein feines Sieb passieren.

Den gebackenen Teig in der Tarteform auf ein Backblech stellen und die Füllung bis zum oberen Rand hineingießen. Die Tarte weitere 12–15 Minuten backen, bis die Füllung gerade stichfest ist. Aus dem Ofen nehmen und in der Form vollständig abkühlen lassen.

Die kalte Tarte aus der Form heben, mit Kakaopulver bestäuben, in Stücke schneiden und mit Vanilleeis und frischen Beeren servieren.

Schokoladen-Kaffee-Creme

mit Kardamom und Orangen-Zimt-Tuiles

- Für 6–8 Portionen
- Vorbereitungszeit: 20 Minuten, plus mind. 5 Stunden zum Kühlen
- Garzeit: 50 Minuten

[Cremoso de chocolate, cardamomo y café con galletas de naranja y canela]

Für die Tuiles die Butter in einer Pfanne langsam zerlassen. In einer Schüssel Mehl, Zucker, Zimt und Orangenschale vermengen, dann den Zuckerrohrsirup dazugeben. Die zerlassene Butter einrühren, die Schüssel abdecken und 30 Minuten kalt stellen.

In der Zwischenzeit den Ofen auf 200 °C vorheizen und ein Backblech mit Backpapier belegen.

3-mal 1 Teelöffel Tuile-Teig mit Abstand auf das Backblech geben und zu Kreisen mit 8 Zentimetern Durchmesser ausstreichen. Den Teig im Backofen 6–8 Minuten backen beziehungsweise bis er goldbraun ist. Das Blech aus dem Ofen nehmen, mit einem Metallspatel die Tuiles schnell und vorsichtig über ein Nudelholz legen und dort ruhen lassen, bis sie abgekühlt und knusprig sind. Die Tuiles wieder abnehmen und auf ein Kuchengitter legen. Den restlichen Teig auf die gleiche Weise zu Tuiles verbacken. Die abgekühlten Tuiles in einem luftdichten Behälter aufbewahren, damit sie bis zum Servieren knusprig bleiben.

Für die Creme eine Pfanne bei niedriger Hitze erhitzen. Kaffeebohnen, Kardamomkapseln und Zimtstange darin rösten, bis sie duften. Bohnen und Gewürze in einer Gewürzmühle oder Küchenmaschine zu grobem Pulver vermahlen. In einem Topf die Crème double mit der Kaffee-Gewürze-Mischung verrühren und langsam zum Kochen bringen. Die Hitze reduzieren und die Sahnemischung 2–3 Minuten köcheln. Den Topf vom Herd nehmen, die Mischung abkühlen und 10–15 Minuten ziehen lassen.

Die abgekühlte Sahnemischung durch ein feines Sieb in einen sauberen Topf passieren und bei niedriger Hitze weiterkochen. Die Schokolade dazugeben und rühren, bis sie geschmolzen ist. Eigelbe und Zucker in einer Schüssel hell und locker aufschlagen, dann zur warmen Schokoladenmasse hinzufügen. Die Masse unter ständigem sanftem Rühren 1–2 Minuten leicht erhitzen, bis sie zur Creme verdickt. Die Creme in Kaffeetassen oder Gläser füllen und etwa 4 Stunden gut abkühlen lassen.

Die Creme mit etwas leicht geschlagener Sahne und den Tuiles servieren. Nach Wunsch mit Orange und Zimt garnieren.

Für die Tuiles:

50 g	ungesalzene Butter
150 g	Weizenmehl
100 g	feinster Zucker (Kastorzucker)
1	Prise Zimtpulver
+	abgeriebene Schale von 1 Bio-Orange
100 g	Zuckerrohrsirup

Für die Creme:

50 g	Kaffeebohnen
4	Kardamomkapseln, leicht zerstoßen
½	Zimtstange
300 g	Crème double
80 g	dunkle (Bitter-) Schokolade
4	Eigelb
180 g	feinster Zucker (Kastorzucker)
+	leicht geschlagene Sahne (zum Servieren)
+	Orangenfilets und Zimtpulver (zum Servieren)

Schokoladen-Olivenöl-Trüffeln

mit Flor de Sal und Himbeer-Paprika-Aspik

[Trufa de chocolate y aceite de oliva con flor de sal y gelatina de frambuesa-pimiento rojo]

- *Für 12 Portionen*
- *Vorbereitungszeit: 20 Minuten, plus mind. 6 Stunden zum Kühlen*
- *Garzeit: 10 Minuten*

Für den Zuckersirup:

75 ml	Wasser
75 g	feinster Zucker (Kastorzucker)

Für das Aspik:

5	Gelatineblätter
75 ml	Zuckersirup (siehe oben)
275 g	geröstete rote Paprikaschoten, geschält und entkernt
300 g	pürierte Himbeeren
2 TL	Himbeeressig

Für die Trüffeln:

300 g	Sahne
400 ml	Milch
4 TL	Orangenlikör (z. B. Grand Marnier)
350 g	dunkle (Bitter-) Schokolade, in kleine Stücke gebrochen
150 g	Milchschokolade, in kleine Stücke gebrochen
200 ml	natives Olivenöl extra
+	Flor de Sal (oder Meersalz; zum Garnieren)
+	frische Himbeeren (zum Garnieren)

Diese Nachspeise gehört zu den Markenzeichen-Desserts des Restaurants. Sie wirkt auf den ersten Blick vielleicht etwas kompliziert, ist jedoch tatsächlich einfach zuzubereiten, kann lange im Voraus vorbereitet und dann schnell fertiggestellt werden. Die Kombination von süß, salzig und sauer ist köstlich und überraschend; das *Flor de Sal* ist optional, aber wenn man in eines der Meersalzkörner beißt, weckt das die Geschmacksnerven wirklich wie durch einen Knall.

Für den Zuckersirup Wasser und Zucker in einem Topf bei mittlerer Hitze langsam zum Kochen bringen. 1–2 Minuten stetig umrühren, bis der Zucker vollständig aufgelöst und die Mischung klar ist. Den Sirup vom Herd nehmen und entweder im Kühlschrank bis zur weiteren Verwendung abkühlen oder sofort verwenden.

Für das Aspik die Gelatineblätter in wenig kaltem Wasser einweichen. Den Zuckersirup in einem Topf aufkochen. Den Topf vom Herd nehmen, überschüssiges Wasser aus den Gelatineblättern drücken und sie in dem Zuckersirup vollständig auflösen, dabei gleichmäßig rühren.

Paprikaschoten, Himbeerpüree und Himbeeressig dazugeben. Die Mischung in der Küchenmaschine oder mit einem Stabmixer pürieren, dann durch ein feines Sieb in eine Frischhaltebox passieren und im Kühlschrank mindestens 6 Stunden oder über Nacht kalt stellen, bis sie vollständig geliert ist.

Für die Trüffeln Sahne, Milch und Orangenlikör in einem großen Topf zum Kochen bringen und vom Herd nehmen. Beide Schokoladesorten in die warme Sahne geben und unter Rühren schmelzen. Das Olivenöl gut unterquirlen, bis es sich mit der Mischung vollständig verbunden hat. Die Masse in eine Frischhaltebox gießen und im Kühlschrank mindestens 6 Stunden oder über Nacht kalt stellen, bis sie fest ist.

Zum Servieren das Aspik in kleine Würfel schneiden. Auf jeden Dessertteller 1 Löffel Trüffelmischung geben, mit etwas Flor de Sal bestreuen und mit 3–4 Aspikwürfeln sowie frischen Himbeeren dekorieren.

Chorizo

[Chorizo]

Ich liebe die traditionelle spanische Küche mit ihren betörenden, köstlichen Aromen und ihren unkomplizierten Speisen aus einfachen Zutaten. Eine dieser Zutaten ist die typisch spanische Wurst Chorizo.

Die ursprüngliche Chorizo, die vermutlich aus der Extremadura stammt, sah ziemlich blass aus; erst als die Konquistadoren rote Paprika aus der Neuen Welt mitbrachten, glich sie langsam der dunkelroten, rauchigen Schweinswurst, die wir uns heute schmecken lassen. Weitere Zutaten sind Schweinefleisch und Schweinefett, aber auch Salz und gelegentlich Weißwein, Zucker oder Sherry. Letztere unterstützen die Fermentierung, die der Chorizo ihren typischen, leicht scharfen und säuerlichen Geschmack verleiht. Bei der Herstellung wird eine Mischung aus Schweinefleisch und -speck ein bis zwei Tage lang in den Gewürzen mariniert und dann in Wursthäute aus Schweinedärmen oder synthetische Wursthüllen aus Kollagen oder Pflanzenzellulose gefüllt. Die Würste werden anschließend mindestens drei Monate lang zum Trocknen und Reifen aufgehängt. In einigen feuchteren spanischen Regionen werden sie vor dem Aufhängen leicht geräuchert. Die fertigen Produkte gibt es in der Regel in einer der folgenden Formen: *vela* (lang, dünn und gerade), *ristra* (klein und zusammengebunden) oder *sarta* (u-förmig). Die besten Chorizos tragen die Bezeichnung „Ibérico“; sie werden aus dem Fleisch freilaufender Ibérico-Schweine von Eichelweiden hergestellt.

Chorizo passt gut zu Tintenfisch (Kalmare und Oktopusse) und Jakobsmuscheln sowie hervorragend zu Kartoffeln, außerdem ist sie die Zutat einer Vielzahl von spanischen Eier- und Reisgerichten. Darüber hinaus verleiht sie vielen der klassischen spanischen *potajes* (Eintopfgerichte) Geschmack und Würze, von der köstlichen *fabada Asturiana* bis hin zum rustikalen, herzerwärmenden *cocido Madrileño*.

Fenchel-Estragon-Suppe

mit Chorizo

[Crema de hinojo, chorizo y estragón]

- *Für 6 Portionen*
- *Vorbereitungszeit: 20 Minuten*
- *Garzeit: 35 Minuten*

2 EL	Olivenöl
1	Zwiebel, fein gehackt
2	Knoblauchzehen, zerdrückt
3	mittelgroße Fenchelknollen, ohne Strunk und kleingeschnitten
75 g	Chorizo, gehäutet und kleingeschnitten, plus ein paar Scheiben (zum Garnieren)
1 l	Hühnerbrühe (Bouillon)
200 g	Crème double
+	Saft von 1 Limette
2 EL	frischer Estragon, gehackt, plus ein paar Blätter (zum Garnieren)
+	Meersalz und frisch gemahlener weißer Pfeffer

Das Olivenöl in einem großen Topf bei niedriger Hitze erhitzen. Zwiebel, Knoblauch und Fenchel dazugeben und 2–3 Minuten glasig anschwitzen, bis sie weich, aber nicht gebräunt sind. Chorizo und Hühnerbrühe (Bouillon) dazugeben und zum Kochen bringen. Die Hitze auf kleine Flamme reduzieren, den Topfdeckel auflegen und Suppe 30 Minuten köcheln lassen.

Crème double, Limettensaft und Estragon dazugeben, dann die Suppe in der Küchenmaschine oder mit dem Stabmixer pürieren. Mit Salz und Pfeffer abschmecken, dann durch ein feines Sieb passieren.

Die Suppe in Suppentassen schöpfen, mit ein paar Chorizoscheiben und frischen Estragonblättern garnieren und sofort servieren.

Einfache Rühreier

mit Wildpilzen und Chorizo

- Für 4 Portionen
- Vorbereitungszeit: 5 Minuten
- Garzeit: 7 Minuten

[Huevos revueltos de setas y chorizo]

2 EL	Olivenöl
100 g	Chorizo, gewürfelt
1	Knoblauchzehe, zerdrückt
175 g	gemischte Wildpilze, geputzt und gewürfelt
8	Eier, verquirlt
2 EL	Crème double
1 EL	gehackte glatte Petersilie
+	Meersalz und frisch gemahlener schwarzer Pfeffer

Das Olivenöl in einer beschichteten Pfanne bei mittlerer Hitze erhitzen. Chorizo, Knoblauch und Wildpilze darin sautieren, bis sie anfangen zu bräunen und weich werden. Verquirlte Eier in die Pfanne geben und unter Rühren mit einem Holzlöffel etwa 1 Minute stocken lassen. Die Pfanne vom Herd nehmen, Crème double und gehackte Petersilie einrühren. Die Rühreier mit Salz und Pfeffer abschmecken und sofort servieren.

Arme-Leute-Kartoffeln

mit Chorizo

[Patatas a lo pobre con chorizo]

- *Für 4 Portionen*
- *Vorbereitungszeit: 20 Minuten*
- *Garzeit: 10 Minuten*

200 ml	Olivenöl
500 g	gegarte mehlige Kartoffeln, in 4 cm große Stücke geschnitten
200 g	Chorizo zum Kochen, gewürfelt
3	Knoblauchzehen, zerdrückt
2	Zweige Thymian
4	Eier
2 EL	gehackte glatte Petersilie
1 TL	süßes Paprikapulver (vorzugsweise mallorquinisches Tap de Cortí) plus ein wenig zum Bestäuben
+	Meersalz und frisch gemahlener schwarzer Pfeffer

Etwa 175 Milliliter Olivenöl in einer beschichteten Pfanne bei mittlerer Hitze erhitzen. Die Kartoffeln dazugeben und im heißen Öl braten, bis sie anfangen zu bräunen. Chorizo, Knoblauch und Thymian dazugeben und das Ganze 4–5 Minuten weiterbraten, bis Kartoffeln und Chorizo schön gebräunt und knusprig sind.

In der Zwischenzeit das restliche Olivenöl in einer separaten Pfanne erhitzen, die Eier hineinschlagen und zu schönen Spiegeleiern braten.

Gehackte Petersilie und Paprikapulver zu den Kartoffeln geben. Mit Salz und Pfeffer abschmecken.

Die Kartoffeln auf Teller verteilen, jeweils 1 gebratenes Ei auflegen, mit Paprikapulver bestäuben und sofort servieren.

Gegrillte Schwertmuscheln

mit Chorizo, Dicken Bohnen und Tomaten

[Navajas con chorizo, habitas verdes y tomate fresco]

- *Für 4 Portionen*
- *Vorbereitungszeit: 15 Minuten*
- *Garzeit: 10 Minuten*

1 kg	lebende Schwertmuscheln
250 g	Dicke (Fava-)Bohnen, geschält
6 EL	Olivenöl
115 g	Chorizo zum Kochen, gehäutet und gewürfelt
200 g	Tomaten, gewürfelt
1 EL	gehackte glatte Petersilie
+	Meersalz und frisch gemahlener schwarzer Pfeffer
3	Knoblauchzehen
+	Thymianblätter von ein paar Zweigen
120 ml	trockener Weißwein
+	Krustenbrot (zum Servieren)
+	Zitronenspalten (zum Servieren)

Schwertmuscheln sind unglaublich köstlich und passen fantastisch zu Chorizo. Vor dem Kochen müssen sie gründlich gesäubert und vorbereitet werden. Das nimmt etwas Zeit in Anspruch, da jede einzelne Muschel überprüft werden muss – aber die Anstrengung lohnt sich.

Die Schwertmuscheln schnell unter fließendem kaltem Wasser waschen (nicht zu lange, da sie verderben, wenn sie lange im Wasser liegen). Überprüfen, ob alle Muscheln geschlossen und ob die Schalen nicht beschädigt oder in irgendeiner Weise gesprungen sind. Geöffnete Muscheln sollten sich schließen, wenn man leicht „anklopft"; wenn nicht, sollten sie wie die beschädigten weggeworfen werden.

Die Dicken (Fava-)Bohnen in kochendem Salzwasser 2 Minuten garen, dann in einem Sieb abtropfen lassen und beiseitestellen.

In einer Pfanne 4 Esslöffel Olivenöl bei niedriger Hitze erhitzen. Die Chorizo dazugeben und 1–2 Minuten braten. Dicke Bohnen, Tomaten und Petersilie unterheben und leicht mit Salz und Pfeffer würzen.

Eine Grillpfanne sehr heiß werden lassen. Die Muscheln in die Grillpfanne legen, mit etwas Olivenöl beträufeln und 2–3 Minuten garen, bis sich ihre Schalen öffnen. Mit Knoblauch und Thymianblättern bestreuen und weitere 30 Sekunden garen, dann die Pfanne vom Herd nehmen und die Muscheln mit dem Weißwein ablöschen. Die Chorizo-Mischung darüber verteilen und mit etwas mehr Olivenöl beträufeln.

Kochend heiß mit Krustenbrot und Zitronenspalten servieren.

Scharfes Hähnchen-Harissa-Ragout

mit geräucherter Chorizo

[Ragú de pollo y harissa con chorizo ahumado]

- *Für 4 Portionen*
- *Vorbereitungszeit: 15 Minuten*
- *Garzeit: 40 Minuten*

3 EL	Olivenöl
1	rote Zwiebel, gehackt
2	Knoblauchzehen, zerdrückt
110 g	geräucherte Chorizo, gehackt
600 g	gehäutete und entbeinte Hähnchenkeulen
300 ml	Hühnerbrühe (Bouillon)
350 g	gehackte Tomaten aus der Dose
2 TL	Harissapaste
+	Saft von 1 Zitrone
2 EL	gehacktes Koriandergrün
150 g	Naturjoghurt
+	Meersalz und frisch gemahlener schwarzer Pfeffer
+	gegarter Reis oder Couscous (zum Servieren)

Das Olivenöl in einem großen schweren Topf bei niedriger bis mittlerer Hitze erhitzen. Zwiebel und Knoblauch dazugeben und 1 Minute anschwitzen.

Chorizo, Hähnchenfleisch, Hühnerbrühe, Tomaten und Harissa dazugeben. Den Deckel auflegen und das Ganze bei geschlossenem Deckel 35–40 Minuten oder bis die Sauce gebunden ist garen.

Den Topf vom Herd nehmen, Zitronensaft, Koriandergrün und Joghurt unterrühren. Mit Salz und Pfeffer abschmecken und mit Reis oder Couscous servieren.

Sobrasada

[Sobrasada]

Im Gegensatz zu vielen anderen unglaublichen einheimischen Zutaten auf Mallorca (rote Garnelen, Trüffeln, Langostinos und reifer Ibérico-Schinken, um nur ein paar zu nennen), war mein Verhältnis zur Sobrasada, einer traditionellen, weichen und würzigen gereiften Rohwurst von den Balearen, keinesfalls Liebe auf den ersten Blick – oder besser gesagt, Biss.

Ich hielt sie nämlich für ein Relikt aus vergangenen Zeiten und rein aus einer Not heraus geboren: Für die meisten Menschen war die Sobrasada häufig das einzige Fleisch, das ihnen einen Großteil des Jahres zur Verfügung stand. Und ihre ungewöhnlich streichfähige Konsistenz resultiert aus der einzigartigen Kombination von hoher Luftfeuchtigkeit und kühler Temperatur während des mallorquinischen Winters (in dem die Schweine traditionell geschlachtet wurden). Für mich war sie eine altmodische, mit Paprika gewürzte Schweinefettmasse, die in ein Museum und auf keinen Fall in die Nähe meines Essens gehörte. Aber tatsächlich lag ich mit dieser Einschätzung ganz, ganz falsch.

Als ich mit der Zeit mehr über die Insel und die Geschichte ihrer Speisen erfuhr, stieß ich auch immer häufiger auf diese Wurst und lernte ihre wunderbare Rauchigkeit ebenso zu schätzen wie ihr Talent, Gerichten Würze zu verleihen, zum Beispiel den köstlichen Kroketten auf Seite 50. Sie können sie auch in ein Risotto einrühren, zu Kartoffelpüree servieren oder mit Semmelbröseln und Kräutern zu einer köstlichen Kruste für herrlich saftigen und duftenden Schweinebraten verarbeiten (siehe Seite 72).

Die Sobrasada wurde bereits in der Antike produziert und im 16. Jahrhundert war sie ein Grundnahrungsmittel in den meisten mallorquinischen Haushalten. Seit Neuestem erlebt sie eine kleine Renaissance, weil fortschrittliche Metzger wie mein Freund Xesc Reina sie mit neuen Geschmacksprofilen neu erfinden und diesen alten mallorquinischen Klassiker ganz modern wirken lassen.

Sie können die Sobrasada einfach online und in Geschäften mit mediterranen Delikatessen kaufen. Mittlerweile führen sie auch einige der größeren Supermärkte, wo sie bisweilen als „streichfähige Chorizo“ vermarktet wird. Eine gute Alternative ist die italienische *,nduja*.

LOTE:
17030

Knusprige Sobrasada-Kroketten

mit Honig und Manchego

[Croquetas de sobrasada y miel con queso manchego]

- *Für 4 Portionen (ergibt 12–15 Kroketten)*
- *Vorbereitungszeit: 30 Minuten, plus mind. 4 Stunden 30 Minuten zum Kühlen*
- *Garzeit: 25–30 Minuten für die Füllung, plus 15 Minuten zum Ausbacken*

Für die Füllung:

500 ml	Milch
1	kleine Zwiebel, fein gehackt
1	Lorbeerblatt
6	schwarze Pfefferkörner
60 g	ungesalzene Butter
2 EL	Olivenöl
60 g	Weizenmehl
130 g	zimmerwarme Sobrasada
1	EL klarer Honig
2 EL	fein gehackte glatte Petersilie
+	Meersalz und frisch gemahlener schwarzer Pfeffer

Für die Panade:

2	große Eier
150 g	Paniermehl (wenn möglich Panko)
25 g	reifer Manchego, fein gerieben
60 g	Weizenmehl
+	Meersalz und frisch gemahlener schwarzer Pfeffer

Zum Ausbacken und Servieren:

+	Pflanzenöl (zum Ausbacken)
	Aioli (siehe Seite 55; zum Servieren)

Für die Füllung die Milch mit Zwiebel, Lorbeerblatt und Pfefferkörnern in einem Topf aufkochen. Den Topf vom Herd nehmen, die Mischung 10 Minuten ziehen lassen, dann abseihen.

Butter und Olivenöl in einem mittelgroßen Topf bei niedriger Hitze zerlassen. Das Mehl einrühren und 3–4 Minuten glatt verrühren. Ein wenig von der abgeseihten Milch dazugießen, glatt rühren und wieder etwas Milch dazugießen. Diesen Vorgang so oft wiederholen, bis die Milch verbraucht und die Sauce gebunden ist. Sobrasada und Honig dazugeben und unter regelmäßigem schnellem Rühren kochen, bis eine glatte, dicke, Béchamelähnliche Sauce entstanden ist.

Die Petersilie einrühren, mit Salz und Pfeffer würzen, dann in einen flachen Behälter gießen und mit Frischhaltefolie bedecken, damit die Sauce keine Haut bildet. Die Sauce bei Zimmertemperatur abkühlen lassen, dann im Kühlschrank mindestens 4 Stunden oder über Nacht fest werden lassen.

Für die Panade die Eier in einer Schüssel verschlagen. Paniermehl und geriebenen Käse in einer zweiten Schüssel vermischen. Das Mehl in eine dritte Schüssel geben, mit Salz und Pfeffer gut würzen. Die Hände mit etwas Mehl bestäuben, einen gehäuften Esslöffel von der festen Mischung für die Füllung abstechen und zu einer Krokette rollen. Die Krokette erst im gewürzten Mehl wälzen, bis sie ganz bedeckt ist, dann in die Eier tauchen, abschließend im Paniermehl wälzen und auf ein Backblech legen. Das Ganze wiederholen, bis die Füllung vollständig aufgebraucht ist. Die Kroketten mindestens 20 Minuten kalt stellen.

Zum Ausbacken in einer großen Bratpfanne ausreichend Öl bei mittlerer Hitze erhitzen. Jeweils 5 oder 6 Kroketten darin gleichzeitig unter regelmäßigem Wenden 2–3 Minuten knusprig goldbraun ausbacken. Oder ausreichend Öl zum Frittieren in einem tiefen, schweren Topf auf 180 °C erhitzen bzw. bis ein Brotwürfel in 30 Sekunden braun wird, und die Kroketten 3–4 Minuten frittieren. Auf Küchenpapier gut abtropfen lassen.

Die Kroketten zusammen mit dem Aioli zum Dippen noch ganz heiß servieren.

Knoblauch

[Ajo]

Nichts geht über das köstliche Aroma von Knoblauch und Zwiebeln, die in Olivenöl schwitzen. Bei sehr vielen mediterranen Rezepten ist dies der erste einfache Schritt, der jede Küche mit einem unglaublich verlockenden, betörenden Duft erfüllt.

Spanische Restaurants verwenden Knoblauch in rauen Mengen, angefangen von Oliven, die damit mariniert werden, über klassisches Aioli (siehe Seite 55) und Gazpacho (siehe Seite 16 bzw. 134) bis hin zu Venusmuscheln und Garnelen mit Knoblauch (siehe Seite 172). Wenn im Frühjahr der wilde Knoblauch auf der ganzen Insel wächst, werden die zarten jungen grünen Knoblauchtriebe, die *ajos tiernos*, gegrillt und mit Olivenöl und Meersalz bestreut oder fein gehackt im Rührei gebraten. Und für alle, denen die beißende Schärfe des rohen Knoblauchs nicht schmeckt, gibt es viele Rezepte, in denen sie durch langes, langsames Garen gemildert wird.

Knoblauch wurde einst so hoch geschätzt, dass er als Währung diente; und die Ägypter verehrten ihn so sehr, dass sie Tonmodelle von Knoblauchknollen in das Grab von Tutanchamun legten. Neuere Studien haben gezeigt, dass Knoblauch den Cholesterinspiegel senkt, das Risiko von Herzerkrankungen reduziert, Infektionen bekämpft und das Immunsystem stärkt. Ich könnte auch noch die angebliche aphrodisierende Wirkung von Knoblauch anführen, für die er durch alle Zeiten gepriesen wurde, entscheidend ist aber – zumindest für mich – sein fantastisches, göttliches Aroma.

„Bunter Knoblauch"-Dip

[Ajo colorado]

- *Für 4 Portionen*
- *Vorbereitungszeit: 20 Minuten*
- *Garzeit: 15–20 Minuten*

1 kg	Kartoffeln, geschält und gewürfelt
1	Zwiebel, fein gehackt
1	rote Paprikaschote, entkernt und gewürfelt
700 ml	Gemüsebrühe (Bouillon)
4	Knoblauchzehen, zerdrückt
1 EL	Tomatenmark
1 Prise	Paprikapulver
1 Prise	Kreuzkümmelpulver
50 ml	Olivenöl
1 EL	Sherryessig
+	Meersalz und frisch gemahlener schwarzer Pfeffer
+	knuspriges Brot (zum Servieren)

Diese Sauce beziehungsweise dieser Dip aus Almeria wird traditionell zu pochiertem Fisch serviert, schmeckt aber auch zu gegrilltem Fleisch oder Gemüse. Sie kann in einem luftdichten Behälter oder Glas drei bis vier Tage im Kühlschrank aufbewahrt werden.

Kartoffeln, Zwiebel und rote Paprikaschote in einen großen Topf geben. Mit der Gemüsebrühe vollständig bedecken, zum Kochen bringen und 15–20 Minuten köcheln.

In der Zwischenzeit Knoblauch, Tomatenmark, Paprika- und Kreuzkümmelpulver in einem Mörser zu einer glatten Paste verarbeiten.

Kartoffeln, Zwiebel und Paprika aus der Brühe schöpfen und abtropfen lassen, in eine Küchenmaschine geben und zu einer Paste verarbeiten. Während die Küchenmaschine läuft, das Olivenöl langsam durch den Einfüllstutzen einfließen lassen, um die Sauce zu emulgieren und zu binden, dann den Sherryessig hinzufügen.

Die Sauce in eine Schüssel umfüllen und die Knoblauchpaste unterrühren. Mit Salz und Pfeffer abschmecken und noch warm mit knusprigem Brot zum Dippen servieren.

Aioli

- *Für 4 Portionen*
- *Zubereitungszeit: 10 Minuten*

[Aioli]

Aioli, der Name bedeutet auf Spanisch „Knoblauch und Öl", ist wahrscheinlich die beliebteste Sauce im gesamten Mittelmeerraum. Sie wird oft zu geröstetem Brot und marinierten Oliven zu Beginn einer Mahlzeit serviert und ist unentbehrlich zu gebratenem Fisch, Tintenfisch und *Patatas bravas*. Ich mische auch gerne einen Löffel *Aioli* traditionellen Reisgerichten unter, um ihnen Würze und eine glatte, cremige Konsistenz zu verleihen.

4	Knoblauchzehen, gehackt
2	Eigelb
250 ml	Olivenöl
+	Saft von ½ Zitrone
+	Meersalz und frisch gemahlener schwarzer Pfeffer

In einem Mörser Knoblauchzehen und 1 gute Prise Salz mit dem Stößel zu einer feinen Paste zerdrücken. Die Paste in eine große Schüssel umfüllen, die Eigelbe hinzufügen und so lange verrühren, bis eine homogene Masse entsteht. Das Olivenöl langsam unter ständigem Rühren unterschlagen, bis die Sauce eindickt. Zum Schluss Zitronensaft unterrühren, wenn die Sauce zu dick wirkt, zusammen mit ein paar Tropfen Wasser. Die Aioli mit Salz und Pfeffer abschmecken.

Gegrillter Spargel

mit Orangendressing und Romesco-Sauce

[Espárragos verdes a la parrilla con salsa Romesco y naranja]

- Für 4 Portionen
- Vorbereitungszeit: 30 Minuten
- Garzeit: 38–40 Minuten

Für die Sauce:

1	große rote Paprikaschote
100 g	geschälte Mandelkerne, leicht geröstet
3	Knoblauchzehen, zerdrückt
1	Scheibe altbackenes Weißbrot
350 ml	Olivenöl
1 EL	Tomatenmark
2 TL	Paprikapulver
50 ml	Brandy
2 EL	Sherryessig
+	Meersalz und frisch gemahlener schwarzer Pfeffer

Für den Spargel:

24	Spargelstangen, unteres Stangendrittel geschält
+	grobes Meersalz
+	Olivenöl (zum Bestreichen)
1	kleine Handvoll geröstete Mandelkerne (zum Garnieren)

Für das Dressing:

+	Saft von 2 Orangen
100 ml	Olivenöl
1 TL	Sherryessig
1 TL	feine Schnittlauchröllchen
+	Meersalz und frisch gemahlener schwarzer Pfeffer

Die Romesco-Sauce stammt ursprünglich aus Estragona in Katalonien. Statt Mandeln können auch Haselnuss-, Pinien- oder Walnusskerne verwendet werden.

Zum Grillen braucht man relativ dicke, nicht die dünnen Spargelstangen. Überprüfen Sie die Spitzen, um sicherzustellen, dass der Spargel nicht schon zu blühen begonnen hat.

Für die Sauce die rote Paprikaschote im heißen Ofen oder unter dem heißen Ofengrill etwa 15 Minuten rösten, bis sich ihre Haut schwarz verfärbt und Blasen wirft. Die Schote in einer Schüssel mit Frischhaltefolie abdecken und etwa 10 Minuten abkühlen lassen – durch den Dampf löst sich die Haut leichter ab. Wenn sie so abgekühlt ist, dass man sie in die Hand nehmen kann, die Schote längs halbieren, die Kerne entfernen, die Haut entfernen und beides wegwerfen.

Das Paprikafleisch in einer Küchenmaschine mit Mandeln, Knoblauch, Brot und der Hälfte des Olivenöls pürieren. Tomatenmark, Paprikapulver, Brandy und Sherryessig dazugeben, dann das restliche Olivenöl unterrühren, um die Sauce zu emulgieren und zu binden. Mit Salz und Pfeffer abschmecken und bis zur Verwendung im Kühlschrank kalt stellen.

Für den Spargel die Stangen in kochendem Salzwasser 6–8 Minuten blanchieren, bis sie knackig und gerade al dente sind. Abgießen und beiseitestellen.

Für das Dressing den Orangensaft in einem kleinen Topf zum Kochen bringen und etwa 15 Minuten auf die Hälfte der Menge einkochen. Den Topf vom Herd nehmen, Olivenöl und Sherryessig einrühren. Die Schnittlauchröllchen dazugeben und das Dressing mit Salz und Pfeffer abschmecken.

Die Spargelstangen mit Olivenöl bestreichen und salzen, dann über heißen Kohlen oder in einer heißen Grillpfanne auf jeder Seite etwa 1 Minute grillen – gerade lange genug, um sie durchzuwärmen und leicht zu bräunen. Die heißen Spargelstangen mit Orangendressing, Romesco-Sauce und 1 Portion gerösteter Mandeln servieren.

Klippfisch baskische Art

in Pil-Pil-Sauce

[Bacalao al pil-pil]

- *Für 4 Portionen*
- *Vorbereitungszeit: 10 Minuten, plus ggf. 24 Stunden zum Einweichen*
- *Garzeit: 8–10 Minuten*

450 ml	Olivenöl
4	Knoblauchzehen, in Scheiben geschnitten
½	rote Chilischote, gehackt
4	Klippfischfilets à 125 g, eingeweicht und abgespült
+	Meersalz und frisch gemahlener schwarzer Pfeffer

Dies ist ein klassisches Klippfisch-Rezept aus dem Baskenland im Norden Spaniens. Durch das Braten der Knoblauchzehen im heißen Olivenöl erhält das Gericht seinen einzigartigen Geschmack und sein Aroma. Die Basken erzählen gerne mit Stolz, dass sie versehentlich den *bacalao* (Salzdorsch) erfunden haben, als eine Gruppe baskischer Fischer auf der Suche nach Walen aus dem Golf von Biskaya segelte und auf ein „Dorschfeld" vor der Küste Norwegens stieß. Der Legende nach landeten sie so viele Fische an, dass ihre Boote überquollen. Weil sie so weit von zu Hause entfernt waren, blieb ihnen als einzige Möglichkeit, die Dorsche zu filetieren und in Salz zu konservieren, so, wie sie auch Walfleisch haltbar machten.

Bevor er gekocht werden kann, muss Klippfisch 24 Stunden in kaltem Wasser eingeweicht werden, dabei das Wasser 2- oder 3-mal wechseln. Man kann ihn aber auch „kochfertig" kaufen. Bei diesem Rezept wird die Haut nicht entfernt, da durch sie die Sauce leichter bindet.

Das Olivenöl in einer schweren Pfanne oder runden Tonform bei niedriger bis mittlerer Hitze erhitzen. Knoblauchscheiben und Chilischote dazugeben und sanft goldbraun anbraten. Knoblauch und Chili mit einem Schaumlöffel herausfischen und beiseitestellen.

Die Klippfischfilets mit der Hautseite nach oben in die Pfanne oder Form legen und 4–6 Minuten sanft garen. Die Filets wenden und die Pfanne vom Herd nehmen. Das warme Öl in eine Schüssel oder ein Kännchen gießen, dann langsam wieder in die Pfanne oder Form zurückgießen, die man gleichzeitig kreisen lässt, damit die Sauce nach und nach emulgiert, bis sie dick und glasig ist. Mit Salz und Pfeffer abschmecken, dann den Fisch mit dem Knoblauch und Chili bestreuen. Sofort servieren.

Venusmuscheln in Weißwein

mit Knoblauch und Petersilie

[Almejas a la marinera]

- Für 4 Portionen
- Vorbereitungszeit: 10 Minuten
- Garzeit: 7 Minuten

2 EL	Olivenöl
100 g	Zwiebel, gehackt
3	Knoblauchzehen, zerdrückt
50 ml	Weißwein
50 ml	Fischbrühe (Bouillon)
1 kg	frische Venusmuscheln, gründlich geputzt
2 EL	gehackte glatte Petersilie
+	Meersalz und frisch gemahlener schwarzer Pfeffer

Das Olivenöl in einem schweren Topf bei niedriger bis mittlerer Hitze erhitzen. Zwiebeln und Knoblauch dazugeben und glasig anschwitzen, bis die Zwiebeln weich, aber nicht gebräunt sind. Weißwein und Fischbrühe angießen, die Temperatur erhöhen und alles zum Kochen bringen. Die Venusmuscheln dazugeben, den Topfdeckel auflegen und die Muscheln 1 Minute oder bis sie sich geöffnet haben garen. Muscheln, die sich nicht geöffnet haben, wegwerfen. Die verbliebenen mit Petersilie bestreuen und mit Salz und Pfeffer abschmecken.

Venusmuscheln und Brühe auf vorgewärmte Suppenteller verteilen und sofort servieren.

Geschmorte Wachteln

mit Zwiebeln, Knoblauch und Weißwein

[Codornices encebolladas]

- *Für 4 Portionen*
- *Vorbereitungszeit: 10 Minuten*
- *Garzeit: 40–45 Minuten*

200 ml	Olivenöl
8	küchenfertige Wachteln
2	große Zwiebeln (vorzugsweise aus Spanien), in feine Ringe geschnitten
3	Knoblauchzehen, zerdrückt
1	Zweig Thymian
1	Prise Paprikapulver
2	Lorbeerblätter
200 ml	trockener Weißwein
2 EL	Sherryessig
2 EL	feine Schnittlauchröllchen
+	Meersalz und frisch gemahlener schwarzer Pfeffer

Die Hälfte des Olivenöls in einem großen, schweren Topf bei niedriger bis mittlerer Hitze erhitzen. Die Wachteln von allen Seiten leicht anbraten, dann wieder herausnehmen und beiseitestellen.

Das restliche Olivenöl in die Pfanne gießen, die Zwiebeln dazugeben und unter Rühren mit einem Holzlöffel vorsichtig 3–4 Minuten glasig schwitzen, bis sie weich, aber nicht gebräunt sind. Knoblauch, Thymian, Paprikapulver und Lorbeerblätter dazugeben, dann die Wachteln in die Pfanne zurücklegen und gut umrühren, sodass das Fleisch mit dem Öl überzogen ist. Wein und Sherryessig angießen und den Topfdeckel auflegen. Die Wachteln bei niedriger Hitze und unter gelegentlichem Rühren 25–30 Minuten garen.

Mit Salz und Pfeffer abschmecken, mit Schnittlauchröllchen bestreuen und sofort servieren.

ESTIRPE NEGRA
GRAN GOURMET

Fleisch vom Ibérico-Schwein

[Cerdo Ibérico]

Schweinefleisch ist das vielleicht beste Winterfleisch, das uns mit wunderbaren Stücken zum Grillen, Schmoren, Füllen und Braten erfreut. Obwohl sein Verzehr in zwei Weltreligionen verboten ist, ist es dennoch das am meisten gegessene Fleisch der Welt. Das bedeutet aber leider auch, dass es in Massenproduktion erzeugt werden muss und ein Großteil des verkauften Fleisches aus Intensivzucht von Hybridrassen stammt, die darauf hingezüchtet wurden, schnell zu wachsen und mehr Fleisch anzusetzen. Dadurch bleibt dem Fleisch jedoch wenig Zeit, Geschmack und Maserung zu entwickeln. Fleisch von Tieren, die in einer angenehmen Umgebung in aller Ruhe auswachsen durften und mit natürlichem oder Bio-Futter gefüttert wurden, hat einen großartigen Geschmack, der, wenn einem ein solches Fleisch angeboten wird, den höheren Preis auf jeden Fall rechtfertigt.

Jedes Jahr versuche ich, unseren spanischen Freunden bei den traditionellen *matanzas*, wörtlich „dem Schlachten", zu helfen. Ich tauche immer erst einige Zeit, nachdem die Schweine ihren Schöpfer getroffen haben, auf, aber selbst dann sollte man definitiv nicht zartbesaitet sein. Wie alles andere in Spanien ist auch „La Matanza" ein guter Anlass für eine Fiesta. In festlicher Atmosphäre helfen alle aus dem Dorf zusammen, um die Vorräte an Fleischprodukten für das kommende Jahr zuzubereiten. Als Allererstes lernt man, dass absolut nichts verschwendet wird. Verderbliches Fleisch wird sofort verspeist und mit reichlich Alkohol hinuntergespült. Jeder Teil des Tieres wird für die Herstellung von Chorizo, Salchichon, Morcilla, Butifarra, natürlich Sobrasada und anderen *embutidos* (Würste) verwendet.

Spanien ist mit einigen hochwertigen Zutaten gesegnet, aber wenn ich eine zum unbestrittenen Sieger der spanischen Gastronomie ernennen müsste, fiele meine Wahl auf jeden Fall auf den *jamón Ibérico de bellota*.

Nicht alle Schinken sind gleich geschaffen – in der Welt der spanischen Schinken ist es wirklich wichtig, die feinen Unterschiede zu kennen. Der einfachste und damit billigste Schinken wird einfach *jamón serrano* genannt. Den *serrano* – was „Sierra" oder „Gebirge" bedeutet – gibt es in vielen verschiedenen Sorten. Er wird in der Regel aus hellen Hausschweinerassen, meist Landrace oder Duroc, produziert. Die nächste Stufe ist der *jamón Ibérico*. Er wird aus meist hybriden Ibérico-Schweinen hergestellt, die im Stall aufgezogen und mit Heu gefüttert werden.

Die höchste Qualitätsstufe ist der *jamón Ibérico de bellota*, der weltweit von einer Fangemeinde geradezu kultisch verehrt wird. Das *cerdo Ibérico de bellota* ist ein dunkles Schwein, das längere Beine und schlankere Hüften besitzt als das Hausschwein. Diese Schweine streifen frei umher und ernähren sich von Eicheln in den Eichenwäldern von Andalusien und Extremadura. Die Eicheln verleihen ihnen ein intensives Aroma und dem fertigen Schinken seinen unverwechselbaren, reichhaltigen Geschmack und die Maserung.

Die Kunst der hochwertigen Schinkenproduktion ist ein komplexer Vorgang. Zunächst werden die ganzen Schweinebeine gesalzen und dann zwischen 18 Monaten und drei Jahren zum Reifen aufgehängt. Die Transformation vom

Ibérico-Schwein zum weltbekannten *jamón Ibérico de bellota* dauert etwa fünf Jahre: zwei Jahre Mast der Schweine und drei Jahre Reifung des Fleisches. Die besten Schinken sollten eine glänzende, dunkelrotbraune Farbe haben und mit winzigen weißen Flecken gesprenkelt sein, die von der fetten Eichel-Diät stammen. Sie sollten in hauchdünne Scheiben geschnitten werden, die man am besten sofort verspeist. Dazu werden sie in eine spezielle Halterung, einen *jamonero*, gespannt und mit einem sehr scharfen Messer mit einer langen schmalen Klinge geschnitten. Der Schinken sollte bei Zimmertemperatur serviert werden und benötigt als Beilage nicht mehr als knuspriges Brot.

Schinken wird in der spanischen Küche verwendet, um vielen Suppen und Eintöpfen sowie Gemüse- und Eiergerichten Geschmack zu verleihen. Wenn Sie daran denken, einen ganzen Schinken zu kaufen, suchen Sie nach dem Metallstempel und der Herstellergarantie. Der Preis ist ein guter Indikator für die Qualität, die besten Schinken können bis zu 200 Euro pro Kilo kosten. Das mag viel klingen, aber wir sprechen von einem der großen gastronomischen Genüsse der Welt und eine solche, mit viel Hingabe erzielte Qualität ist nicht billig.

Schweinerücken

in Milch geschmort

- Für 6 Portionen
- Vorbereitungszeit: 10 Minuten
- Garzeit: 1 Stunde 10 Minuten

[Lomo de cerdo con leche]

Dies ist einfache spanische Hausmannskost. Durch das langsame Schmoren in der Milch wird das Schweinefleisch zart und die fertige Sauce erhält einen köstlichen, kräftigen Geschmack. In Italien wird das Gericht als *Maiale al latte* traditionell mit Schweineschulter zubereitet. Dazu passen hervorragend sämige Polenta oder Gemüse und neue Kartoffeln.

2 EL	Olivenöl
1,2 kg	Schweinerücken ohne Knochen, pariert
100 g	durchwachsener Räucherspeck, gewürfelt
5	Knoblauchzehen, zerdrückt
1 EL	frische Thymianblätter, gehackt
1 l	Milch
2	Lorbeerblätter
½	Zimtstange
+	Meersalz und frisch gemahlener schwarzer Pfeffer
1 EL	gehackte glatte Petersilie

Das Olivenöl in einem Schmortopf bei niedriger bis mittlerer Hitze erhitzen. Den Schweinerücken auf beiden Seiten anbraten, dann Speck, Knoblauch und Thymian dazugeben. Mit der Milch übergießen, Lorbeerblätter und Zimtstange hinzufügen, mit Salz und Pfeffer würzen. Den Topfdeckel auflegen, die Hitze reduzieren und das Fleisch etwa 1 Stunde sanft köcheln lassen, bis es sehr zart ist. Während des Kochens darauf achten, dass die Milch nicht am Topfboden anbrennt.

Das Fleisch aus dem Topf heben, in Portionen schneiden und auf eine Servierplatte oder einen Teller legen. Die Milch durch ein feines Sieb gießen, in den Topf zurückfüllen und erneut zum Kochen bringen. Gehackte Petersilie dazugeben, noch einmal mit Salz und Pfeffer würzen.

Das Schweinefleisch mit der Milch übergießen und servieren.

Gefüllte Auberginen

mallorquinische Art

[Berenjenas rellenas a la mallorquina]

- *Für 4 Portionen*
- *Vorbereitungszeit: 15 Minuten*
- *Garzeit: 30–40 Minuten*

4	mittelgroße Auberginen à ca. 250 g
150 ml	Olivenöl plus ein wenig zum Beträufeln
250 g	Schweinehackfleisch
1	Zwiebel, fein gehackt
3	Knoblauchzehen, zerdrückt
1	Zweig Thymian
350 g	Tomaten, geschält, entkernt und gehackt
1 EL	Tomatenmark
1 TL	süßes Paprikapulver (vorzugsweise mallorquinisches Tap de Cortí) plus ein wenig zum Bestäuben
¼ TL	Zimtpulver
200 ml	Weißwein
1 EL	Weizenmehl
+	Meersalz und frisch gemahlener schwarzer Pfeffer
200 g	Manchego, gerieben
50 g	feine Semmelbrösel

Gefüllte Auberginen werden auf Mallorca oft als einfaches Familienessen serviert. Auberginen können so herrlich Geschmack aufnehmen, und wie kann man sie nicht lieben, wenn sie knackig gegrillt, gefüllt und mit schmelzendem Manchego-Käse überbacken werden?

Den Grill aufheizen und den Ofen auf 200 °C vorheizen.

Die Auberginen längs halbieren und das Fruchtfleisch mit einem Löffel herauskratzen, dabei einen etwa 1 Zentimeter dicken Rand stehen lassen. Das Auberginenfleisch zerkleinern und beiseitestellen. Die Auberginenschalen mit etwas Olivenöl bestreichen und 6–8 Minuten grillen, bis sie weich sind. Sie dann auf ein Backblech legen und beiseitestellen.

Das restliche Olivenöl in einem schweren Topf bei niedriger bis mittlerer Hitze erhitzen und das Schweinefleisch 3–4 Minuten braun anbraten. Zwiebel, Knoblauch und Thymian hinzufügen und weitere 2 Minuten garen. Tomaten, Tomatenmark, Paprikapulver, Zimt, Wein und die aufbewahrte gehackte Aubergine dazugeben. Das Mehl einrühren und 8–10 Minuten garen, bis die Flüssigkeit verdunstet und die Mischung trocken ist. Mit Salz und Pfeffer würzen.

Die Auberginenschalen mit der Masse füllen und jeweils mit geriebenem Manchego und Semmelbröseln bestreuen, mit Olivenöl beträufeln und mit etwas Paprikapulver bestäuben. Die gefüllten Auberginen im Ofen 10–15 Minuten backen, bis der Käse geschmolzen ist und die Semmelbrösel goldbraun sind.

Die gefüllten Auberginen sofort servieren.

Ibérico-Fleischbällchen

mit scharfem Kürbis-Kichererbsen-Eintopf

[Albóndigas de cerdo ibérico con garbanzos, calabaza y especias]

- Für 4 Portionen
- Vorbereitungszeit: 30 Minuten, plus 30 Minuten zum Kühlen
- Garzeit: 35 Minuten

	Für die Fleischbällchen:
450 g	Schweinehackfleisch aus der Schulter
2 TL	Kreuzkümmelsamen
50 g	gemahlene Mandelkerne
2	Knoblauchzehen, zerdrückt
2 EL	gehackte glatte Petersilie
+	Meersalz und frisch gemahlener schwarzer Pfeffer
+	Olivenöl (zum Braten)

	Für den Eintopf:
2 EL	Olivenöl
1	große Zwiebel, grob gehackt
2	Knoblauchzehen, zerdrückt
1	rote Chilischote, entkernt und fein gehackt
1 EL	fein gehackte Ingwerwurzel
1 TL	Kreuzkümmelpulver
½ TL	Paprikapulver
½ TL	Fenchelsamen, zerstoßen
1	Sternanis
1	große Prise Safranfäden
600 g	Kürbis, geschält und gewürfelt
4	Tomaten, geschält, entkernt und gewürfelt
1 TL	Harissapaste
250 ml	Hühnerbrühe (Bouillon)
+	Meersalz und frisch gemahlener schwarzer Pfeffer
300 g	vorgegarte Kichererbsen (Garbanzo-Bohnen) aus der Dose
1 EL	gehacktes Koriandergrün

Für die Fleischbällchen Schweinefleisch, Kreuzkümmelsamen, gemahlene Mandelkerne, Knoblauch und Petersilie in einer großen Schüssel gut vermischen, mit Salz und Pfeffer würzen, dann zu 4 Zentimeter großen Bällchen formen. Die Bällchen mindestens 30 Minuten kalt stellen.

Etwas Olivenöl in einer Pfanne bei mittlerer Hitze erhitzen. Die Fleischbällchen darin 4–5 Minuten braten, dabei von Zeit zu Zeit wenden, bis sie goldbraun gebraten und durchgegart sind. Die Bällchen warm stellen.

Für den scharfen Kürbis-Kichererbsen-Eintopf das Olivenöl in einem schweren Topf bei niedriger bis mittlerer Hitze erhitzen. Zwiebel, Knoblauch, Chili, Ingwer und Gewürze hinzufügen. Alles miteinander verrühren, den Topfdeckel auflegen und die Zwiebel 2–3 Minuten sanft weich dünsten. Kürbiswürfel, Tomaten, Harissapaste und Hühnerbrühe dazugeben, mit Salz und Pfeffer abschmecken und 20 Minuten mit geschlossenem Deckel köcheln lassen.

Kichererbsen und Fleischbällchen zum Eintopf geben und alles weitere 5 Minuten köcheln.

Den Eintopf noch einmal abschmecken und vor dem Servieren mit gehacktem Koriander bestreuen.

Schweinerücken

mit Sobrasada-Rosmarin-Kruste und Safran-Apfel-Kompott

[Lomo de cerdo en costra de sobrasada y romero con compota de manzana-azafrán]

- *Für 4–6 Portionen*
- *Vorbereitungszeit: 20 Minuten*
- *Garzeit: 55 Minuten*

Für die Kruste:

60 g	Sobrasada
1	Knoblauchzehe, zerdrückt
1	Zweig Rosmarin, die Nadeln fein gehackt
1 ½ TL	Dijonsenf
2 EL	Olivenöl
50 g	Semmelbrösel
+	Meersalz und frisch gemahlener schwarzer Pfeffer

Für das Fleisch:

750 g	Schweinerücken ohne Knochen, pariert
+	Meersalz und frisch gemahlener schwarzer Pfeffer
60 ml	Olivenöl
4	Knoblauchzehen, zerdrückt
1	kleiner Zweig Rosmarin

Für das Kompott:

2 EL	Olivenöl
2	große Schalotten, fein gehackt
1 Stück	Ingwerwurzel à 2 cm, geschält und fein gehackt
1	Knoblauchzehe, fein gehackt
4	rote Äpfel, geschält und klein geschnitten
1	große Prise Safranfäden
80 g	feinster Zucker (Kastorzucker)
2 EL	Apfelessig
+	Meersalz und frisch gemahlener schwarzer Pfeffer

Wenn Sie für dieses Rezept keine Sobrasada (siehe Seite 48) bekommen, können Sie alternativ Chorizo zum Kochen oder auch ‚nduja aus Kalabrien verwenden. Dazu passt hervorragend Kartoffelpüree oder Knollensellerie.

Für die Kruste alle Zutaten in einer Küchenmaschine vermengen und mehrmals pulsieren, um eine glatte Mischung zu erhalten. Mit Salz und Pfeffer würzen und beiseitestellen.

Den Ofen auf 180 °C vorheizen.

Für das Fleisch den Schweinerücken gut mit Salz und Pfeffer würzen. Etwas Olivenöl in einer großen Pfanne bei mittlerer Hitze erhitzen und das Schweinefleisch von allen Seiten braun anbraten. Das Fleisch mit Knoblauch und Rosmarin in einen Bräter legen, mit dem restlichen Olivenöl beträufeln und im Ofen 20 Minuten braten.

In der Zwischenzeit das Kompott zubereiten. Dazu das Olivenöl in einem Topf bei niedriger Hitze erhitzen, Schalotten, Ingwer und Knoblauch dazugeben und 2–3 Minuten anschwitzen, bis sie weich, aber nicht braun sind. Äpfel, Safran, Zucker und Apfelessig dazugeben, den Topfdeckel auflegen und alles 15–20 Minuten sanft garen, bis die Mischung sirupartig eingedickt ist. Das Kompott mit Salz und Pfeffer abschmecken, gut vermischen, vom Herd nehmen und beiseitestellen.

Den Bräter aus dem Ofen nehmen, die Oberseite des Schweinefleischs mit der Sobrasada-Rosmarin-Mischung bedecken und mit den Fingern zu einem gleichmäßigen Belag andrücken. Die Ofentemperatur auf 160 °C reduzieren und das Fleisch weitere 20 Minuten braten, bis es in der Mitte noch leicht rosa ist. Den Schweinerücken aus dem Ofen nehmen, auf ein Kuchengitter stellen und vor dem Anschneiden 10 Minuten ruhen lassen.

Geschmorte Schweinebäckchen

mit schwarzen Oliven und sonnengetrockneten Tomaten

[Carrilleras de cerdo ibérico con aceitunas negras y tomate seco]

- *Für 6 Portionen*
- *Vorbereitungszeit: 20 Minuten, plus 6–8 Stunden zum Marinieren*
- *Garzeit: 3 Stunden 10 Minuten*

Für das Fleisch:

12	Schweinebäckchen, pariert
100 ml	Olivenöl
100 g	Weizenmehl
2 EL	Tomatenmark
1 l	Rinderbrühe (Bouillon)
125 g	sonnengetrocknete Tomaten, gehackt
20	schwarze Oliven ohne Stein
10	Basilikumblätter, gezupft
+	Meersalz und frisch gemahlener schwarzer Pfeffer
+	Kartoffelpüree oder gegarter Reis (zum Servieren)

Für die Marinade:

500 ml	Rotwein
1	große Zwiebel, grob gehackt
3	Knoblauchzehen, zerdrückt
2	Möhren, klein geschnitten
1	Zweig Thymian
1	Zweig Rosmarin

In unserem Restaurant bereiten wir gerne köstliche, zarte Schweinebäckchen zu, die langsam gegart werden, bis sie praktisch im Mund zergehen. Im Winter sind sie besonders beliebt, wenn ein wenig Kühle in der Luft liegt. Ich finde, dass Dünsten und Schmoren der Inbegriff guter Hausmannskost sind. Reichhaltige Hausmannskost mit kräftigen Aromen, langsam gegart in Form von Schmorbraten, Aufläufen, Brühefondues und Eintöpfen, bietet unvergessliche Gerichte, die nicht nur lecker, sondern auch preiswert sind. Durch die schwarzen Oliven, die sonnengetrockneten Tomaten und das Basilikum erhält das Gericht einen köstlichen mediterranen Charakter.

Für das Fleisch die Schweinebäckchen in eine große Schüssel geben, alle Zutaten für die Marinade hinzufügen und so vermischen, dass das Fleisch ganz damit bedeckt ist. Das Fleisch abdecken und 6–8 Stunden oder über Nacht im Kühlschrank marinieren.

Am nächsten Tag das Fleisch abtropfen lassen (die Marinade aufbewahren) und mit Küchenpapier trocken tupfen.

Das Olivenöl in einem großen, schweren Topf erhitzen und die Schweinebäckchen rundum anbraten. Mehl und Tomatenmark einrühren, dann die aufbewahrte Marinade und die Rinderbrühe dazugießen. Den Topfdeckel auflegen und die Bäckchen 3 Stunden sehr sanft köcheln. Dabei gelegentlich mit einem Schaumlöffel Fett und Trübstoffe, die beim Köcheln aufsteigen, abschöpfen.

Zum Servieren Tomaten, Oliven und Basilikumblätter hinzufügen. Mit Salz und Pfeffer abschmecken und mit Kartoffelpüree oder Reis servieren.

Lamm

[Cordero]

Lammbraten ist wunderbar und ich bin immer wieder erstaunt, wie etwas so Einfaches so gut sein kann. Auf Mallorca haben wir sogar ein „Lamm-Restaurant“, das sich ganz der hohen Lammbratenkunst widmet. Das „Es Verger“ ist eine rustikale Institution auf halbem Weg zum Puig d‘Aları́ó und ständig voll von hungrigen Gästen, die dorthin zum Essen pilgern. Dort brät man die Schulter vom Frühlingslamm mit ein paar Knoblauchzehen, einem Zweig frischem Thymian, einem Spritzer Weißwein, etwas Olivenöl und Gewürzen bei etwa 150 °C in einem Holzofen. Der Geschmack ist kräftig und doch delikat und, während man ungeduldig darauf wartet, endlich zulangen zu können, duftet das Aroma aus dem Holzofen unglaublich verlockend.

Seit über 10.000 Jahren essen wir Menschen Lamm und wahrscheinlich haben wir das Schaf als erstes Tier domestiziert, entdeckten wir doch bald, dass es nicht nur eine gute Nahrungsquelle ist, sondern auch Wolle für unsere Kleidung, Haut für Pergament und Milch für Butter und Käse liefern kann. Die Spanier sind zu Recht stolz auf ihr Lamm und die beste Zeit, es zu genießen, ist wohl das frühe Frühjahr, wenn es noch zarter und feiner schmeckt. Die kleinen, kräftigen einheimischen Rassen eignen sich perfekt für das lange, langsame Kochen, das in den lokalen Restaurants bevorzugt gepflegt wird.

Im Restaurant servieren wir oft Salzwiesenlämmer, die an der Küste grasen und sich erheblich von den stämmigen Berglämmern unterscheiden. Sie ernähren sich von Wildgräsern und Kräutern wie Meereslavendel, Fenchel und Salz-Alant, was ihrem Fleisch einen unverwechselbaren Geschmack verleiht und es so zart macht, dass es auf der Zunge zergeht.

Maurische Lammfleischspieße

mit Gurkensalat und Walnuss-Paprika-Dip

[Pinchos morunos con ensalada de pepino y salsa de nueces-pimientos rojos]

- *Für 4 Portionen (ergibt ca. 16 Spieße)*
- *Vorbereitungszeit: 25 Minuten, plus mind. 6–8 Stunden zum Marinieren und Kühlen*
- *Garzeit: 55 Minuten*

Für die Gewürzmischung:

2 TL	frischer Thymian, fein gehackt
1 TL	Salz
1 TL	Kreuzkümmelpulver
1 TL	Cayennepfeffer
½ TL	schwarze Pfefferkörner
¼ TL	Safranfäden
1	Lorbeerblatt

Für das Fleisch:

400 g	Lammhackfleisch aus der Schulter
2 EL	fein gehackte glatte Petersilie
200 ml	Olivenöl plus ein wenig zum Bestreichen

Für den Dip:

3	rote Paprikaschoten
80 g	Walnusskerne
60 g	frische Semmelbrösel
+	Saft von ½ Zitrone
2 EL	Granatapfelsirup
1 TL	Paprikapulver
1 TL	Cayennepfeffer
½ TL	Kreuzkümmelpulver
2	Knoblauchzehen, zerdrückt
2 EL	Olivenöl
+	Meersalz und frisch gemahlener schwarzer Pfeffer

Für den Gurkensalat:

1	lange Salatgurke, geschält und gewürfelt
2	kleine rote Chilischoten, fein gehackt
2	Schalotten, fein gehackt
1 EL	gehackte glatte Petersilie
1 EL	Zucker
2 EL	Sherryessig
+	Saft von 1 Limette
6 EL	Olivenöl
+	Meersalz und frisch gemahlener schwarzer Pfeffer

Alle Zutaten der Gewürzmischung in einer Gewürzmühle oder Küchenmaschine zu grobem Pulver mahlen.

Die Gewürzmischung über das Lammhackfleisch streuen, gehackte Petersilie und Olivenöl dazugeben und alles gut vermengen. Abdecken und im Kühlschrank 6–8 Stunden oder über Nacht marinieren.

Am nächsten Tag den Ofen auf 200 °C vorheizen.

Für den Dip die Paprikaschoten auf ein Backblech legen und 30–35 Minuten backen, dabei gelegentlich wenden, bis sie gar sind und sich ihre Haut schwarz verfärbt und Blasen wirft. Die Schoten in einer Schüssel mit Frischhaltefolie abdecken und zum Abkühlen beiseitestellen.

Wenn die Paprikaschoten weit genug abgekühlt sind, um sie weiterzuverarbeiten, ihre Haut abziehen und mit den Kernen wegwerfen. Das Paprikafleisch trocken tupfen und in einer Küchenmaschine mit Walnusskernen, Semmelbröseln, Zitronensaft, Granatapfelsirup, Paprikapulver, Cayennepfeffer, Kreuzkümmelpulver und Knoblauch pulsieren, bis eine dicke Paste entstanden ist. Das Olivenöl dazugeben und den Dip mit Salz und Pfeffer abschmecken. Bis zur Verwendung kalt stellen.

Für den Salat alle Zutaten mit Ausnahme von Salz und Pfeffer vermischen und 10–15 Minuten kalt stellen. Inzwischen zum Zubereiten der Fleischspieße den Ofengrill auf mittlere Hitze vorheizen oder einen Grill zum Grillen aufheizen.

Das Fleisch mit nassen Händen zu etwa 16 langen Würsten formen, diese um die Spieße rollen und rundum leicht andrücken, damit sie haften. Alle Spieße mit etwas Öl bestreichen und 4–5 Minuten auf jeder Seite grillen, bis sie durchgegart sind. Den Salat mit Salz und Pfeffer abschmecken.

Die Spieße mit dem Walnuss-Paprika-Dip und dem Gurkensalat auf Tellern anrichten, nach Belieben mit gehackten Walnusskernen und Rucolablättchen garnieren und servieren.

Geschmorte Lammkeule

mit Granatapfelmarinade

[Pierna de cordero marinada con granada]

- *Für 4 Portionen*
- *Vorbereitungszeit: 10 Minuten, plus mind. 3–4 Stunden zum Kühlen*
- *Garzeit: 1 Stunde 25 Minuten*

Für die Marinade:

+	Kerne und Saft von ½ Granatapfel
1 EL	Granatapfelsirup
100 ml	trockener Rotwein
2	große rote Zwiebeln, halbiert
+	Saft von 1 Zitrone
3	Knoblauchzehen
10	schwarze Pfefferkörner, zerstoßen
10	Basilikumblätter
10	Minzeblätter
6	Kreuzkümmelsamen
1 Prise	Meersalz

Für Fleisch und Beilagen:

1	Lammkeule à 1,5 kg
+	Salat *Moro Trampó* (siehe Seite 232; zum Servieren)
+	Naturjoghurt (zum Servieren)

Granatäpfel wachsen auf unserer ganzen Insel; die *granada*, wie der Granatapfel in Spanien genannt wird, ist überaus geschichtsträchtig und gilt als sehr romantisch. In vielen Ländern ist er ein Symbol für Fruchtbarkeit und Reichtum, im gesamten Mittelmeerraum und im Mittleren Osten ist er enorm beliebt. Seltsamerweise ist er hier auf Mallorca nur selten Zutat von einheimischen Gerichten. Bei diesem Rezept wird das Lammfleisch durch die Marinade aus Granatapfel, Kräutern und Gewürzen besonders zart und jeder Bissen reich an Aromen.

Für die Marinade alle Zutaten in einer Küchenmaschine zu einer Paste verarbeiten.

Für das Fleisch die Lammkeule mit einem Teil der Marinade gut einreiben und dann in eine flache Schüssel aus Edelstahl oder Keramik legen – wichtig ist ein Material, das nicht mit der Säure der Marinade reagiert. Das Fleisch mit der restlichen Marinade begießen und mindestens 3–4 Stunden oder über Nacht im Kühlschrank marinieren.

Zum Garen den Ofen auf 200 °C erhitzen.

Die überschüssige Marinade vom Fleisch abstreifen (zur späteren Verwendung auffangen), die Lammkeule in einen Bräter legen und im Ofen 15 Minuten braten, dann die Temperatur auf 160 °C reduzieren und die Keule 1 weitere Stunde garen, sie dabei hin und wieder mit der aufbewahrten Marinade begießen.

Die Lammkeule vor dem Anschneiden 5–10 Minuten ruhen lassen. Zusammen mit dem Salat *Moro Trampó* und Naturjoghurt servieren.

Gebratenes Lammkarree

mit Feta-Oliven-Rosmarin-Kruste

[Costillar de cordero en costra de olivas verdes, feta y romero]

- *Für 4 Portionen*
- *Vorbereitungszeit: 15 Minuten*
- *Garzeit: 35 Minuten*

Für Fleisch und Beilagen:

2 Lammkarrees à 550–600 g, französisch pariert (mit freigelegten Stielknochen)
+ Meersalz und frisch gemahlener schwarzer Pfeffer
1 EL Olivenöl
+ gegarte grüne Bohnen und neue Kartoffeln (zum Servieren)

Für die Kruste:

150 g Feta-Käse
50 g feine Weißbrotbrösel
16 grüne Oliven ohne Stein
2 Zweige Rosmarin, die Nadeln fein gehackt
1 Handvoll glatte Petersilie, grob gehackt
4 Sardellen in Öl, abgetropft
+ frisch gemahlener schwarzer Pfeffer (nach Belieben)

Dieses elegante Lammkarree-Rezept ist perfekt, um Gäste beim Abendessen zu beeindrucken. Die Aromen des Fetas, der grünen Oliven und des Rosmarins verleihen dem Gericht den besonderen Kick.

Den Ofen auf 180 °C vorheizen.

Für das Fleisch bei beiden Lammkarrees die dicke Fettschicht auf der Außenseite abschneiden, dann das Fleisch mit Salz und Pfeffer gut würzen. Etwas Olivenöl in einer großen Pfanne bei mittlerer Hitze erhitzen, die Lammkarrees dazugeben und auf jeder Seite 2 Minuten mit Farbe anbraten. Herausnehmen und beiseitestellen.

Für die Kruste alle Zutaten in einer Küchenmaschine zu einer weichen grünen Masse verarbeiten. Das Fleisch mit der Krustenmasse bestreichen und diese fest andrücken.

Die Lammkarrees in einen großen Bräter setzen und im Ofen 20 Minuten garen, bis die Kruste knusprig und das Fleisch noch rosa ist.

Die Lammkarrees aus dem Ofen nehmen und vor dem Anschneiden 10 Minuten ruhen lassen. Mit grünen Bohnen und neuen Kartoffeln servieren.

Sautierte Lamminnereien

mallorquinische Art

- Für 4 Portionen
- Vorbereitungszeit: 20 Minuten
- Garzeit: 32 Minuten

[Frito mallorquín de pascuas]

Frito mallorquín ist ein sehr beliebtes und traditionelles Rezept, das in einheimischen Restaurants auf der ganzen Insel serviert wird. Es wird normalerweise aus Schweineinnereien, während der Osterfeiertage *(Pascuas)* aber auch aus Innereien von Lämmern der Region zubereitet. Es ist ein rustikales, beglückendes, wohlschmeckendes Gericht.

150 ml	Olivenöl
2	mittelgroße Kartoffeln, geschält und gewürfelt
3	Knoblauchzehen, zerdrückt
1	Aubergine, gewürfelt
½	Fenchelknolle, gewürfelt
1	rote Paprikaschote, entkernt und gewürfelt
1	grüne Paprikaschote, entkernt und gewürfelt
2	Bund Frühlingszwiebeln, in Ringe geschnitten
1	rote Chilischote, fein gehackt
1 TL	Paprikapulver
2	Lorbeerblätter
1	Zweig Thymian
350–400 g	Lamminnereien (Herz, Leber und Nieren), geputzt und gewürfelt
10	Minzeblätter, gehackt
+	Meersalz und frisch gemahlener schwarzer Pfeffer

Zwei Drittel des Olivenöls in einer großen, schweren Pfanne bei mittlerer Hitze erhitzen, die Kartoffelwürfel dazugeben und 10 Minuten braten. Knoblauch, Aubergine, Fenchel, Paprika, Frühlingszwiebeln, Chili, Paprikapulver, Lorbeerblätter und Thymian dazugeben und unter gelegentlichem Umrühren 20 Minuten schmoren, bis das Gemüse gar ist und eine schöne Farbe hat.

Das restliche Olivenöl in einer separaten Pfanne stark erhitzen und die Innereien darin 2 Minuten goldbraun braten. Die Innereien zum Gemüse geben und gut vermischen. Die Minzeblätter hinzufügen, mit Salz und Pfeffer abschmecken und sofort servieren.

Mediterran gewürzter Lammeintopf

mit Aprikosen und Koriander

[Guiso Mediterráneo de cordero especiado con albaricoques y cilantro]

- *Für 4 Portionen*
- *Vorbereitungszeit: 20 Minuten, plus mind. 4 Stunden zum Marinieren*
- *Garzeit: 1 Stunde 45 Minuten*

1 kg	Lammschulter, gewürfelt
1 TL	Zimtpulver
1 TL	Kreuzkümmelpulver
1 TL	süßes Paprikapulver
1 TL	Cayennepfeffer
100 ml	Olivenöl
2	Zwiebeln, gehackt
2	Möhren, geschält und klein geschnitten
4	Knoblauchzehen, zerdrückt
1 TL	Safranfäden
750 ml	Hühnerbrühe (Bouillon)
600 g	gehackte Tomaten aus der Dose
120 g	getrocknete Aprikosen, klein geschnitten
+	Meersalz und frisch gemahlener schwarzer Pfeffer
1 TL	gehackte eingelegte Zitrone (siehe Seite 88)
1	Bund Koriandergrün, grob geschnitten

In einer großen Schüssel das Lammfleisch mit Zimt, Kreuzkümmel, süßem Paprikapulver und Cayennepfeffer vermischen, abdecken und im Kühlschrank mindestens 4 Stunden, idealerweise über Nacht marinieren.

Das Olivenöl in einem großen, schweren Topf bei mittlerer Hitze erhitzen, das marinierte Fleisch dazugeben und von allen Seiten anbraten. Zwiebeln, Möhren und Knoblauch hinzufügen und 1–2 Minuten sanft garen, dann Safran, Brühe, Tomaten und Aprikosen dazugeben. Alles langsam zum Kochen bringen. Mit Salz und Pfeffer würzen. Den Topfdeckel auflegen, die Hitze reduzieren und das Lamm 1 ½ Stunden sanft köcheln.

Die eingelegte Zitrone und das Koriandergrün dazugeben, den Eintopf noch einmal mit Salz und Pfeffer abschmecken und sofort servieren.

Zitronen

[Limones]

Eine Küche ohne Zitronen ist eigentlich kaum vorstellbar. Einfach kurz pressen, und schon können sie wie keine andere Zutat ein Gericht verändern. Wählen Sie Zitronen, die schön gelb und schwer für ihre Größe sind und eine dünne, unbeschädigte Schale haben. Zitronen enthalten reichlich Vitamin C, viel pikanten, säuerlichen Saft und in der Schale auch ätherisches Öl.

Wir haben das Glück, dass in unserem Gemüsegarten ein paar große Bäume stehen, die uns jedes Jahr mit einer Fülle von Zitronen zum Kochen versorgen. Wir legen immer einige in Salz ein, die wir das ganze Jahr über verwenden und unseren Gästen als hübsches kulinarisches Geschenk überreichen. Die in Marokko *l'hamd marakad* (schlafende Zitronen) genannten eingelegten Zitronen sind notwendiger Bestandteil in vielen orientalischen Rezepten, aber sie sind ebenso eine perfekte Zutat für alle Arten von Saucen, Vinaigrettes und Salatdressings. Ihr Geschmack ist weich, aber intensiv zitronig ohne die nasenkitzelnden, pikantsäuerlichen Geschmacksnoten der frischen Zitrone.

Zitronen können auch zu Hause leicht eingelegt werden; allerdings dauert es mindestens drei bis vier Wochen, bis sie verwendet werden können.

Eingelegte Zitronen

[Limones en salmuera]

- *Ergibt 2 Gläser à 500 ml*
- *Vorbereitungszeit: 10 Minuten, plus mindestens 3 Wochen zum Einmachen*
- *Garzeit: weniger als 5 Minuten*

500 ml	Wasser
325 g	grobes Meersalz
10	Bio-Zitronen

Das Wasser und 275 g Salz in einem Topf zum Kochen bringen und wieder vom Herd nehmen.

Die Zitronen längs vierteln, bis kurz vor dem Stielansatz, sodass die Viertel miteinander verbunden bleiben. Die Früchte in das restliche Salz drücken, dann fest in sterilisierte Gläser schichten. Die Zitronen in den Gläsern mit dem heißen Salzwasser begießen und zum Abkühlen beiseitestellen.

Die abgekühlten Gläser fest verschließen und mindestens 3 Wochen an einem kühlen, dunklen Ort lagern, sie dabei gelegentlich umdrehen, damit sich das Salz neu verteilt, und Salzwasser nachfüllen, falls die Zitronen nicht mehr ganz bedeckt sind. Sobald die Zitronenschale weich und verzehrfertig ist, die Gläser in den Kühlschrank stellen. Ungeöffnet halten sich die eingelegten Zitronen mindestens 1 Jahr. Zitronen nach dem Öffnen mit Salzwasser oder einer Schicht Olivenöl nach jedem Gebrauch wieder bedecken, so halten sie sich auch in angebrochenen Gläsern gekühlt mindestens 2–3 Monate.

Marinierter Wolfsbarsch

mit Salat aus gerösteten Paprikaschoten und eingelegten Zitronen

[Lubina marinada con ensalada de pimientos, alcaparras y limón en salmuera]

- *Für 4 Portionen*
- *Vorbereitungszeit: 15 Minuten, plus 3 Stunden zum Marinieren*
- *Garzeit: 15–20 Minuten*

	Für den Fisch:
400 g	Wolfsbarsch, gehäutet und entgrätet
20 g/4 TL	Meersalz
20 g/5 TL	Zucker
+	abgeriebene Schale von ½ Bio-Zitrone
4	Pfefferkörner, zerstoßen
+	einige Basilikum- oder Minzeblätter (zum Garnieren)
+	Olivenöl (zum Beträufeln)
	Für den Salat:
2	rote Paprikaschoten
2	gelbe Paprikaschoten
2 EL	Arganöl
1 EL	gehackte eingelegte Zitrone (siehe Seite 88)
2 EL	Kapern, abgespült und abgetropft
2 EL	gehacktes Koriandergrün
1 TL	geröstete Sesamsamen
+	Meersalz und frisch gemahlener schwarzer Pfeffer

Ich liebe die Kombination von gerösteter Paprika und eingelegten Zitronen mit Kapern und Arganöl. Arganöl ist etwas ganz Besonderes. Es stammt von den Früchten des Arganbaums (*Argania spinosa*), der nur im Südwesten Marokkos wächst. Zum Kochen wird es nicht verwendet, man kann es aber vor dem Servieren über das Essen träufeln oder in Suppen, Couscous und Tajines einrühren, was den Speisen einen einzigartigen, nussigen Geschmack verleiht.

Für den Fisch den Wolfsbarsch in eine flache Schüssel aus Edelstahl oder Keramik legen – wichtig ist ein Material, das nicht mit der Säure der Marinade reagiert. In einer kleinen Schüssel Salz, Zucker, Zitronenschale und zerstoßene Pfefferkörner vermischen. Die Mischung über den Wolfsbarsch streuen und leicht andrücken. Mit Frischhaltefolie abdecken und im Kühlschrank 3 Stunden marinieren.

In der Zwischenzeit den Salat zubereiten und den Ofen auf 200 °C vorheizen oder den Grill aufheizen.

Für den Salat die Paprikaschoten auf einem Backblech verteilen und im Ofen 15–20 Minuten braten oder grillen, bis sich die Haut schwarz verfärbt und Blasen wirft. Die Paprikaschoten in einer Schüssel mit Frischhaltefolie abdecken, abkühlen lassen und dann die Haut abziehen, die Kerne entfernen und das Fruchtfleisch in dicke Streifen schneiden.

Die Schotenstreifen in einer großen Schüssel mit den restlichen Salatzutaten vermischen. Mit Salz und Pfeffer abschmecken und bis zum Servieren kalt stellen.

Zum Servieren die Marinade vom Wolfsbarsch unter fließendem kaltem Wasser abspülen, den Fisch gut abtrocknen und in dünne Scheiben schneiden.

Den Salat auf Teller verteilen und mit marinierten Wolfsbarschscheiben belegen. Mit Basilikum- oder Minzeblättern garnieren, mit Olivenöl beträufeln und servieren.

Gegrillte Makrelen

mit Zitrone, Queller und Tomaten-Kapern-Salsa

[Caballa con salicornia, limón y vinagreta de tomates y alcaparras]

- Für 4 Portionen
- Vorbereitungszeit: 10 Minuten
- Garzeit: 6–7 Minuten

Für die Salsa:

300 g	Kirschtomaten, halbiert
3 EL	Olivenöl
1	große Knoblauchzehe, in dünne Scheiben geschnitten
3 EL	Kapern, abgespült und abgetropft
+	Saft von 1 Zitrone
+	Meersalz und frisch gemahlener schwarzer Pfeffer

Für Fisch und Beilagen:

4	frische Makrelen à 300 g, geputzt
+	Olivenöl (zum Bestreichen)
+	Meersalz und frisch gemahlener schwarzer Pfeffer
300 g	Queller, gewaschen, verlesen und harte Stängel entfernt
+	Zitronenspalten (zum Servieren)

Meeresgemüse, das einen hohen Gehalt an Eisen, Kalzium, Jod und Vitaminen besitzt, mag im Moment in Mode sein, Archäologen zufolge wird es in Asien jedoch schon seit etwa 10.000 Jahren gegessen. Der auch als „Spargel des armen Mannes" oder „Meeresspargel" bekannte Queller – oder *salicornia*, wie er hier in Spanien genannt wird – wächst reichlich an Mallorcas Küsten. Er hat eine knackige Konsistenz und schmeckt nach Meer – und ist fantastisch für Vegetarier und Veganer, die den Geschmack von Meeresfrüchten ohne die tierischen Zutaten genießen wollen.

Für die Salsa die Kirschtomaten in einer Schüssel mit Olivenöl, Knoblauch, Kapern und Zitronensaft vermischen und mit Salz und Pfeffer würzen. Beiseitestellen.

Den Grill aufheizen oder eine Grillpfanne bei starker Hitze erhitzen.

Die Makrelen auf beiden Seiten im Abstand von 2 Zentimetern fast bis auf die Gräte einschneiden. Mit Olivenöl bestreichen und mit Salz und Pfeffer würzen. Die Fische 6–7 Minuten grillen, dabei einmal wenden, bis sie gebräunt und durchgegart sind.

In der Zwischenzeit in einem Topf Wasser zum Kochen bringen, den Queller dazugeben und 1 Minute blanchieren, dann sofort abgießen und abtropfen lassen.

Die gegrillten Makrelen auf Tellern anrichten, die Salsa darauf und daneben verteilen und mit dem Queller und Zitronenspalten servieren.

Zitronenhähnchen

mit Majoran und Artischocken

[Pollo al limón con mejorana y alcachofas]

- *Für 4 Portionen*
- *Vorbereitungszeit: 25 Minuten*
- *Garzeit: 39–42 Minuten*

4	Hähnchenbeine, zerteilt in Keulen und Schenkel
2 EL	Weizenmehl
+	Meersalz und frisch gemahlener schwarzer Pfeffer
2 EL	Olivenöl
2	Zwiebeln, fein gehackt
1	Knoblauchzehe, zerdrückt
1 TL	Paprikapulver
1	Lorbeerblatt
100 ml	Weißwein
2 EL	Sherryessig
250 ml	Hühnerbrühe (Bouillon)
2	große Artischocken, gegart (siehe Seite 248) und geviertelt
2 EL	gehackter Majoran
+	Saft von 2 Zitronen
1 EL	gehackte glatte Petersilie

Die Hähnchenteile sehr leicht mit Mehl bestreuen und mit Salz und Pfeffer würzen.

Das Olivenöl in einem großen, schweren Topf stark erhitzen, die Hähnchenteile dazugeben und 5–6 Minuten unter häufigem Drehen anbraten, bis sich eine goldene Kruste gebildet hat. Die Hitze reduzieren, Zwiebeln, Knoblauch, Paprikapulver und Lorbeerblatt dazugeben und 3–4 Minuten glasig schwitzen.

Mit Weißwein und Sherryessig ablöschen, den Wein aufkochen und die Flüssigkeit 1–2 Minuten reduzieren, dann die Hühnerbrühe angießen. Den Deckel auflegen und das Fleisch bei niedriger Hitze etwa 30 Minuten garen, dabei nach der Hälfte der Zeit einmal umrühren.

Kurz vor dem Servieren Artischocken, Majoran und Zitronensaft unterrühren. Noch einmal mit Salz und Pfeffer abschmecken, mit gehackter Petersilie bestreuen und sofort servieren.

Mediterrane Kräuter

[Hierbas mediterráneas]

Ich liebe den Geruch von sanft gerösteten Gewürzen und wie sie die Küche mit den herrlichsten Düften füllen. Sie bieten eine unendliche Vielfalt von Aromen, dennoch gilt es beim Würzen mit Kräutern und Gewürzen, ein Gericht zu ergänzen und nicht zu erdrücken und den wahren Geschmack der Speisen nicht zu übertünchen.

Im Mittelmeerraum bereiten die Köche seit Jahrhunderten Gewürzmischungen zu; Gewürze gehörten zu den ersten von vielen Lebensmitteln, die Marco Polo aus Asien nach Europa zurückbrachte.

Der Gewürzhandel war der Antrieb für die frühen Reisen von Kolumbus und Vasco da Gama. Heute, da Gewürze so wenig kosten und frisch gemahlener schwarzer Pfeffer und die köstlichen Aromen von Zimt, Ingwer, Kardamom und Gewürznelken für jeden problemlos erhältlich sind, kann man sich nicht mehr vorstellen, dass diese duftenden Rindenstückchen, Blätter und Samen einst so teuer, schwer aufzuspüren und zu transportieren waren, dass Männer dafür freiwillig ihr Leben auf langen Seereisen und in Kriegen riskierten. Mit den Gewinnen aus dem Gewürzhandel wurden ganze Imperien aufgebaut.

Ras el-Hanout ist eine großartige Gewürzmischung, die man in der Küche zur Hand haben sollte. Der Name bedeutet wörtlich „Kopf des Ladens", also das Beste, was ein Gewürzhändler zu bieten hat. Diese aufwendige Gewürzmischung zeichnet sich durch ihr reichhaltiges Aroma und ihren ausgewogenen, curryartigen Geschmack aus. Sie enthält gelegentlich bis zu 100 verschiedene Gewürze und ist in Marokko und im Nahen Osten sehr beliebt. Sie soll das allgemeine Wohlbefinden unterstützen und potenzfördernd wirken ... das Rezept ist also auf jeden Fall einen Versuch wert!

Ras el-Hanout

- Ergibt 1 Glas à 70 g
- Vorbereitungszeit: 5 Minuten
- Garzeit: 1 Minute

[Ras el hanout]

Lassen Sie sich nicht von der Anzahl der Zutaten abschrecken – das Rezept ist wirklich ein Kinderspiel. Man kann die Mischung gut in einem Glas aufbewahren und für viele verschiedene Gerichte verwenden.

In einer heißen, trockenen Pfanne Pfefferkörner, Fenchelsamen, Koriandersamen, Kardamomkapseln, Senfsamen, Kreuzkümmelsamen und die Zimtstange sanft rösten, bis sie duften, das dauert 30–60 Sekunden. Die restlichen Zutaten hinzufügen und alles im Mörser zu einem feinen Pulver mahlen. In einem luftdichten Behälter aufbewahren.

2 TL	schwarze Pfefferkörner
2 TL	Fenchelsamen
4 TL	Koriandersamen
16	Kardamomkapseln
2 TL	gelbe Senfsamen
4 TL	Kreuzkümmelsamen
1	Zimtstange
½ TL	frisch geriebene Muskatnuss
1 TL	Cayennepfeffer
2 TL	Kurkumapulver
2 TL	Paprikapulver
1 TL	Meersalz

Salzzitronencreme

mit Pistazien-Dukkah, Kirschen-Rosenwasser-Sorbet und Ras-el-Hanout-Karamellsauce

[Crema de limón en salmuera con dukkah de pistacho, sorbete de cereza-agua de rosas y caramelo de ras el hanout]

- *Für 6–8 Portionen*
- *Vorbereitungszeit: 30 Minuten, plus 4 Stunden 15 Minuten zum Kühlen/Durchziehen*
- *Garzeit: 4–5 Minuten für die Zitronencreme, plus 3–4 Minuten für die Karamellsauce, plus 5 Minuten für das Sorbet, plus 1 Minute für das Dukkah*

Für die Salzzitronencreme:

7	Eigelb
125 g	feinster Zucker (Kastorzucker)
3 EL	Weizenmehl
1 TL	Stärkemehl
400 ml	Milch
100 g	Crème double
1	Vanilleschote, längs aufgeschnitten
+	Saft von 1 Zitrone
1–2 TL	fein gehackte eingelegte Zitrone (siehe Seite 88)

Für die Karamellsauce:

100 ml	Wasser
225 g	feinster Zucker (Kastorzucker)
80 g	ungesalzene Butter
2 EL	Crème double
1 TL	Ras el-Hanout (siehe Seite 97)

Für das Sorbet:

180 g	feinster Zucker (Kastorzucker)
250 ml	Wasser
+	Saft von ½ Zitrone
450 g	frische Kirschen, entsteint
1 TL	Rosenwassersirup

Für das Dukkah:

120 g	grüne Pistazienkerne, geschält
4 EL	Sesamsamen
2 EL	Koriandersamen
1 EL	Kreuzkümmelsamen
1 EL	Fenchelsamen
+	Meersalz und frisch gemahlener schwarzer Pfeffer

Dies ist ein weiteres bekanntes Dessert aus dem Restaurant und meiner Meinung nach ein großartiges Gericht für alle, die normalerweise keine Desserts mögen, weil seine Geschmacksbilder so interessant sind. Als ich mir dieses Gericht ausdachte, fand ich es spannend und eine kleine Herausforderung, eingelegte Zitronen in ein Dessert zu integrieren. Dann beschloss ich, weitere orientalische Zutaten hinzuzufügen, die normalerweise zu herzhaften Rezepten gehören, wie z. B. Dukkah, Rosenwasser und Ras el-Hanout.

Dukkah ist eine meiner kulinarischen Obsessionen. Diese ägyptische Beilage besteht aus einer Mischung aus Nüssen (meist Haselnüsse, ich mag jedoch am liebsten Pistazienkerne) und Gewürzen, die leicht geröstet und dann zerkleinert werden. Wenn es noch warm ist, besitzt es ein herrliches Aroma. Der Name *dukkah* bedeutet im ägyptischen Arabisch „zerkleinern" oder „zerstoßen". *Dukkah* wird typischerweise als Dip zu Brot und Olivenöl verwendet und ergibt auch eine perfekte Kruste für Lamm oder Hähnchen.

Bei unseren Gästen steht dieses Dessert hoch im Kurs, weil es, wenngleich sehr ungewöhnlich, unglaublich köstlich ist!

Für die Salzzitronencreme Eigelbe und Zucker in einer großen Schüssel schaumig schlagen. Mehl und Stärkemehl vermischen, dann gründlich unterheben.

Milch, Crème double und Vanilleschote in einem schweren Topf zum Kochen bringen, dann die Hitze reduzieren und die Mischung etwa 2 Minuten köcheln. Den Topf vom Herd nehmen und die heiße Milchmischung unter ständigem Rühren in die Eiermasse gießen, dann die Masse in den Topf zurückfüllen.

Die Masse bei niedriger Hitze unter ständigem Rühren 4–5 Minuten kochen, bis die Creme eindickt. Den Topf vom Herd nehmen, Zitronensaft und eingelegte Zitronen hinzufügen. Die Creme abkühlen und 15 Minuten ziehen lassen, dann durch ein feines Sieb in eine Schüssel passieren, mit Frischhaltefolie abdecken und im Kühlschrank mindestens 4 Stunden kalt stellen.

Für die Karamellsauce Wasser und Zucker in einem schweren Topf zum Kochen bringen und 3–4 Minuten weiterkochen, bis das Karamell eine leicht dunkelbraune Farbe angenommen hat. Karamell vom Herd nehmen, Butter und Crème double vorsichtig und kontinuierlich einrühren. Ras el-Hanout unterrühren, dann die Masse durch ein feines Sieb passieren und im Kühlschrank bis zum Servieren kalt stellen.

Für das Sorbet alle Zutaten in einem großen Topf zum Kochen bringen, dann in einem Mixer oder einer Küchenmaschine pürieren und durch ein feines Sieb passieren. In einer Eismaschine (gemäß den Anweisungen des Herstellers) gefrieren und bis zum Servieren in einem luftdichten Behälter im Tiefkühlfach aufbewahren.

Für das Dukkah den Ofen auf 180 °C vorheizen. Nüsse und Samen auf einem Backblech verteilen und im Ofen etwa 1 Minute leicht rösten, bis sie beginnen sich zu verfärben und zu duften. Körner und Samen in einem Mörser zerstoßen oder in einer Küchenmaschine grob vermahlen. Die Mischung mit etwas Salz und Pfeffer abschmecken. In einem luftdichten Behälter aufbewahren.

Zum Servieren 2–3 Esslöffel der Salzzitronencreme in Dessertschalen geben und die gesamte Oberfläche mit Pistazien-Dukkah bestreuen. 1 Nocke Kirsch-Rosenwasser-Sorbet hinzufügen und mit ein wenig Ras-el-Hanout-Karamellsauce beträufeln.

Zitronen-Frischkäse-Törtchen

mit roten Früchten

[Tartaleta de requesón y limón con frutas rojas]

- *Ergibt 10 Törtchen*
- *Vorbereitungszeit: 25 Minuten, plus 1 Stunde 30 Minuten zum Kühlen*
- *Garzeit: 31–37 Minuten*

	Für den Teig:
200 g	kalte ungesalzene Butter, gewürfelt, plus ein wenig zum Einfetten
450 g	Weizenmehl
1 Prise	Salz
150 g	Puderzucker
3	Eigelb

	Für Füllung und Garnitur:
4	Eier
250 g	feinster Zucker (Kastorzucker)
300 g	Requesón oder Frischkäse
50 g	Crème double
1 Prise	Zimtpulver
+	abgeriebene Schale von 1 Bio-Zitrone
+	Saft von 2 Zitronen
+	Puderzucker (zum Bestäuben)
450 g	rote Früchte (Himbeeren, Erdbeeren, Blaubeeren etc.; zur Garnitur)

Die meisten spanischen *pastelerías* (Bäckereien) verkaufen diese Törtchen als *tarta de Requesón* (Requesón ist ein spanischer Frischkäse, ganz ähnlich wie Ricotta). Als Frühstück passen sie perfekt zu *café con leche*, mit roten Früchten und einer Kugel Vanilleeis sind sie ein wunderbares, einfaches Dessert. Ich mag sie gerne mit etwas Zitrusaroma und füge abgeriebene Schale und Saft von frischen Zitronen hinzu. Passen Sie auf, denn diese kleinen Törtchen sind extrem verführerisch!

Für den Teig Butter, Mehl und Salz in einer Küchenmaschine pulsierend verkneten, bis die Masse an Brotkrumen erinnert. Puderzucker und Eigelbe dazugeben und wieder gerade so lange pulsieren, bis die Eier untergearbeitet sind. Den Teig aus der Schüssel schaben, in Frischhaltefolie einwickeln und im Kühlschrank mindestens 30 Minuten kalt stellen.

10 einzelne Törtchenformen (8 x 7,5 Zentimeter) mit Butter leicht einfetten. Den gekühlten Teig 5 Millimeter dick ausrollen. Mit einem kreisförmigen Teigausstecher Kreise ausstechen, die gebutterten Förmchen damit auslegen und im Kühlschrank noch einmal mindestens 30 Minuten kalt stellen.

Inzwischen den Ofen auf 200 °C vorheizen. Die Teigböden in den Förmchen mit Backpapier oder Backfolie bedecken und mit Blindbackbohnen (Kuchengewichten) befüllen. Den Teig im Ofen 7 Minuten backen, dann die Formen herausnehmen und Backpapier oder -folie sowie Blindbackbohnen wieder entfernen. Die Förmchen mit dem Teig weitere 4–5 Minuten backen bzw. bis er hell goldbraun und vollständig trocken ist.

Die Förmchen aus dem Ofen nehmen und die Temperatur auf 160 °C reduzieren.

Für die Füllung die Eier in eine Schüssel aufschlagen, den Zucker dazugeben und die Masse hell und cremig rühren. Frischkäse, Crème double, Zimt, Zitronenschale und Zitronensaft dazugeben und glatt verrühren. Die Masse in die Teigformen gießen und 20–25 Minuten backen, bis sie gerade fest ist.

Die Törtchen aus dem Ofen nehmen und abkühlen lassen. Aus den Formen nehmen, mit Puderzucker bestäuben und mit roten Früchten garniert servieren.

Mediterrane Kräuter

[Hierbas mediterráneas]

Ich kann mir meine Küche ohne frische Kräuter nicht vorstellen. Mit nur ein paar frischen Kräutern kann man ein einfaches Gericht enorm aufpeppen, da sie den Geschmack, das Aussehen und den Nährwert praktisch aller Speisen, die wir essen, erheblich verbessern.

Das spanische Wort *hierba* stammt von dem lateinischen Wort *herba* ab, das „Gras" oder „grüne Pflanze" bedeutet. Mediterrane Kräuter spielen in der Kultur der Mittelmeerregion und für das Wohlbefinden ihrer Menschen seit Jahrtausenden eine wichtige Rolle. Bereits in Aufzeichnungen, die um 2800 v. Chr. entstanden sind, wird berichtet, wie die alten Ägypter Kräuter für Farbstoffe, Parfüms und Lebensmittel verwendeten. Bis heute schätzen wir Kräuter aus kulinarischen und medizinischen Gründen.

In der Küche verleihen Kräuter Speisen ohne großen Eigengeschmack eine interessante Note und wie Salz können sie die natürlichen Aromen von Lebensmitteln verstärken und betonen. Es ist jedoch wichtig, Kräuter richtig einzusetzen: Nimmt man zu viele, können sie ein Gericht überladen und seinen natürlichen Geschmack völlig überschatten, nimmt man zu wenige, bringen sie nichts. Der Trick ist, gerade so viele Kräuter zu verwenden, dass sie die bereits vorhandenen natürlichen Aromen von Lebensmitteln ergänzen.

Einmal gepflückt, verderben Kräuter sehr schnell. Ich empfehle immer, eine eigene kleine Auswahl an Kräutern anzubauen, gegebenenfalls in Töpfen oder einer Blumenkiste, damit sie immer zur Hand sind, wenn man sie braucht. Das frühe Frühjahr ist die beste Zeit, um einen Kräutergarten anzulegen. Neben den Favoriten wie Petersilie, Kerbel, Estragon, Minze und Melisse sollten Sie auch einige unbekanntere Kräuter wie Echtes Bohnenkraut, Liebstöckel, Waldmeister, Ysop oder Raute anpflanzen, die die klassischen kräftigen Mittelmeerkräuter wie Rosmarin, Salbei, Thymian, Fenchel, Majoran und Oregano ergänzen.

Beim Kochen mit Kräutern gibt es einige Grundregeln zu beachten: Kräuter mit kräftigeren Blättern schmecken in der Regel intensiver und werden normalerweise zu Beginn des Kochens zugesetzt (z.B. Salbei, Rosmarin, Thymian oder Winter-Bohnenkraut). Diese Kräuter können gegen Ende des Kochvorgangs dazugegeben werden, müssen aber sehr fein gehackt und sparsam verwendet werden. Ganze Zweige können Suppen, Eintöpfen, Aufläufen, Braten und Marinaden hinzugefügt werden, sollten aber vor dem Servieren wieder entfernt werden. Kräuter mit weichen, saftigen Blättern fügt man gegen Ende der Zubereitung hinzu, damit sie ihren vollen Geschmack, ihre Farbe und ihren Nährwert erhalten (z. B. Petersilie, Kerbel, Schnittlauch, Basilikum, Minze, Koriander und Dill). Frische Kräuter schmecken nicht so intensiv wie getrocknete, sodass man von ihnen in der Regel doppelt so viel in jedem Rezept verwenden muss. Getrocknete Kräuter und Gewürze brauchen Zeit, um ihre Aromen freizusetzen, und sollten zu Beginn des Kochvorgangs zugegeben werden, frische Kräuter fügt man hingegen viel besser gegen Ende hinzu.

Um aus einem Kräutergarten höchsten Nutzen zu ziehen, stellt man am besten aus frischen Kräutern Würzmittel her. Kräuteressige sind ideal für Salatdressings und werden in verschiedenen Saucen wie z.B. der Hollandaise verwendet. Einfach frische Kräuter in eine Flasche Essig geben und mindestens 2 bis 3 Wochen stehen lassen. Sie können auf gleiche Weise mit nicht-aromatischen Ölen aromatische Kräuteröle herstellen. Geeignete Kräuter sind Estragon, Salbei, Majoran, Rosmarin, Thymian und Bohnenkraut. Oder wie wäre es mit Kräuterbutter? Fein gehackte Kräuter werden mit Butter vermischt, die auf frisch gebackenes Brot gestrichen werden oder gebratenen Tomaten und gekochtem Gemüse Aroma verleihen kann. Auch Kräutersalze (siehe auch Seite 108) können sehr nützlich sein: Vermischen Sie etwas gehackten Thymian, Rosmarin, Oregano und Majoran mit *Flor de sal* zu einem wunderbar aromatischen Kräutersalz.

Aromatisiertes Salz

[Sal aromatizada]

- Ergibt jeweils 1 kleines Glas

Mediterranes Kräutersalz

1 TL	getrockneter Rosmarin
1 TL	getrockneter Thymian
1 TL	getrockneter Oregano
1 TL	getrockneter Salbei
1 TL	getrocknetes Echtes Bohnenkraut
10 EL	Meersalz

Zitronen-Chili-Salz

1 EL	abgeriebene Schale von 1 Bio-Zitrone (oder Orange oder Limette)
1	getrocknete rote Chilischote
8 EL	Meersalz

Manchmal reicht ein aromatisiertes Salz, um einem Gericht den richtigen Pfiff zu verleihen. Besonders leicht lässt es sich mit einer Küchenmaschine herstellen. Verarbeiten Sie einfach getrocknete Kräuter wie Thymianblättchen, Rosmarinnadeln, Fenchelsamen, Wacholderbeeren oder Lavendelblüten zusammen mit Meersalz und würzen Sie damit gegrillten Fisch oder gebratenen Tintenfisch, Steaks und Lammkoteletts. Ich empfehle für diese Rezepte Flor de Sal zu verwenden. Spitzensalz kann fantastisch Aromen betonen und Flor de Sal hat einen wunderbar reinen, sauberen, salzigen Geschmack. Flor de Sal (in Frankreich: Fleur de Sel) ist die oberste Salzschicht, die auf dem Wasser der Salzwiesen kristallisiert. Es wird mit traditionellen Methoden geschöpft, ist zu 100 Prozent natürlich und erreicht den Gaumen, ohne irgendwie verändert worden zu sein.

MEDITERRANES KRÄUTERSALZ

Die Kräuter in einer Küchenmaschine oder einem Standmixer fein hacken. Das Salz hinzugeben und einige Male pulsieren, bis es gut untergearbeitet ist. In einem luftdichten Behälter aufbewahren.

ZITRONEN-CHILI-SALZ

Zitrusschale und Chilischote in einer Küchenmaschine oder einem Standmixer sehr fein hacken. Das Salz hinzugeben und einige Male pulsieren, bis es gut untergearbeitet ist. In einem luftdichten Behälter aufbewahren.

Bouquet garni

- Ergibt 1 Kräutersträußchen

[Bouquet garni]

Eines der ersten Dinge, die mir in der Küche beigebracht wurden, war ein klassisches Bouquet garni – ein Kräutersträußchen, das Aufläufen, Brühen, Saucen und Suppen hinzugefügt wird. Traditionell besteht es aus Petersilie (oder Petersilienstängeln, die einen starken Geschmack haben), ein paar Zweigen Thymian und einem Lorbeerblatt. Diese Kräuter werden mit einem Streifen Lauch, einem Stück Selleriestange oder Küchengarn zu einem Sträußchen gebunden, damit sie während des Kochens zusammenbleiben und vor dem Servieren wieder leicht entfernt werden können.

- 2 Zweige Thymian
- 1 großes Lorbeerblatt
- 2 Stängel Petersilie

Thymianzweige, Lorbeerblatt und Petersilienstängel bündeln und mit Küchengarn verschnüren. Nach Rezept verwenden.

Mediterraner Kartoffelsalat

mit Kräutern

- Für 4 Portionen
- Vorbereitungszeit: 15 Minuten
- Garzeit: 10–15 Minuten

[Ensalada mediterránea de patatas y hierbas frescas]

- 900 g neue Kartoffeln
- \+ Meersalz (für das Kochwasser)
- 1 mittelgroße Zwiebel, gehackt
- 100 g sonnengetrocknete Tomaten, gehackt
- 300 ml Olivenöl
- 2 EL Sherryessig
- 20 schwarze Oliven ohne Stein
- 2 gesalzene Sardellenfilets, gehackt
- 15–20 Kapern, abgespült und abgetropft
- 2 EL feine Schnittlauchröllchen
- 2 EL gehacktes Koriandergrün
- 6–8 Basilikumblätter, gezupft
- 300 ml Mayonnaise
- \+ frisch gemahlener schwarzer Pfeffer

Die neuen Kartoffeln in einem großen Topf mit Salzwasser je nach Größe 10–15 Minuten gar kochen. Die Kartoffeln abgießen, noch warm mit der Schale halbieren und in einer Schüssel mit den restlichen Zutaten leicht umrühren, um den Salat zu binden. Sofort servieren.

Salsa verde

[Salsa verde]

- *Für 4 Portionen*
- *Zubereitungszeit: 10 Minuten*

½	kleines Bund Basilikum
½	kleines Bund glatte Petersilie
1 EL	Kapern, abgespült und abgetropft
1 EL	Sherryessig
1	Knoblauchzehe, zerdrückt
1	gesalzene Sardelle, abgespült
1 TL	Dijonsenf
150 ml	Olivenöl
+	Meersalz und frisch gemahlener schwarzer Pfeffer

Diese klassische mediterrane Sauce entspricht eher einer verfeinerten Chimichurri.

Es gibt sie in zahlreichen Variationen, aber für Ihr nächstes Barbecue empfehle ich Ihnen dringend diese!

Kräuter waschen, trocken schütteln und grob schneiden. Dann mit Kapern, Essig, Knoblauch, Sardelle, Senf und Olivenöl in der Küchenmaschine glatt verarbeiten (bei Bedarf zum Auflockern etwas Wasser hinzufügen).

Mit Salz und Pfeffer abschmecken und sofort servieren oder bis zu 3 Tage in einem luftdichten Behälter im Kühlschrank aufbewahren.

Gebratenes Rib-Eye-Steak

mit körniger Senf-Kräuter-Kruste

[Lomo alto de buey en costra de hierbas y semillas de mostaza]

- *Für 4–6 Portionen*
- *Vorbereitungszeit: 10 Minuten*
- *Garzeit: 1 Stunde 15–20 Minuten*

Für die Kruste:

4	Scheiben altbackenes Brot
30 g	Parmesan, frisch gerieben
1	Bund glatte Petersilie
1	Zweig Thymian
1	Zweig Rosmarin
2 EL	körniger Senf
1 EL	Olivenöl
+	Meersalz und frisch gemahlener schwarzer Pfeffer

Für das Fleisch:

2 kg	Rib-Eye-Steak am Stück
+	Meersalz und frisch gemahlener schwarzer Pfeffer
+	etwas Olivenöl (zum scharfen Anbraten)
5	Zweige Thymian
1	Knolle Knoblauch, zerteilt in ungeschälte Zehen, sehr leicht zerdrückt mit einer Messerklinge
+	glasierte neue Kartoffeln (zum Servieren)
+	grüne Bohnen (zum Servieren)

Ein schönes Stück Rib Eye, gebraten mit mediterranen Kräutern, Senf und Knoblauchzehen, sieht nicht nur spektakulär aus, sondern schmeckt sogar noch besser. Ich serviere es mit Vorliebe mit glasierten neuen Kartoffeln und grünen Bohnen.

Für die Kruste das Brot in einer Küchenmaschine zu Bröseln pulsieren, dann restliche Zutaten hinzufügen und alles mehrmals pulsieren, bis die Masse gut vermischt ist. Mit Salz und Pfeffer würzen und beiseitestellen.

Den Ofen auf 220 °C vorheizen.

Für das Fleisch die Rib Eye gut mit Salz und Pfeffer würzen. Etwas Öl in einer großen Pfanne bei mittlerer Hitze erhitzen und Fleisch auf beiden Seiten scharf anbraten, dann mit Thymian und Knoblauch in einen Bräter geben und im Ofen 30 Minuten garen.

Das Rindfleisch aus dem Ofen nehmen und mit der Krustenmasse bedecken. Die Ofentemperatur auf 190 °C reduzieren. Das Fleisch weitere 35 Minuten braten, bis es medium gegart ist. Aus dem Ofen nehmen und vor dem Anschneiden auf einem Kuchengitter 10–15 Minuten ruhen lassen. Mit Kartoffeln und grünen Bohnen servieren.

Mit Kräutern gebratenes Perlhuhn

mit Couscous

[Pintada asada con hierbas frescas y cuscús]

- *Für 2–3 Portionen*
- *Vorbereitungszeit: 20 Minuten*
- *Garzeit: 1 Stunde 5 Minuten*

Für das Fleisch:

1	Perlhuhn à 1,2 kg
2	Bio-Zitronen, mit der Schale gehackt
6	Knoblauchzehen, leicht zerdrückt
2	Zweige Rosmarin
+	Meersalz und frisch gemahlener schwarzer Pfeffer
10	Salbeiblätter, gehackt
120 g	weiche gesalzene Butter
+	abgeriebene Schale von 1 Bio-Zitrone
2 EL	Olivenöl
2–3	Zweige Thymian
125 ml	trockener Weißwein
200 ml	Hühnerbrühe (Bouillon)

Für den Couscous:

6	grüne Spargelstangen
200 g	Couscous
½	rote Zwiebel, fein gehackt
1 EL	gehackte glatte Petersilie
+	Saft von 2 Zitronen
1 TL	fein gehackte Rosmarinnadeln
1 TL	fein gehackte Zitronenthymianblätter
1 EL	Olivenöl
200 ml	kochende Hühnerbrühe (Bouillon)
+	Meersalz und frisch gemahlener schwarzer Pfeffer

Perlhuhn wird in Spanien *pintada* genannt; es ähnelt einem Hähnchen mit mildem Wildgeschmack. Perlhuhn ist insofern ungewöhnlich, als es weder ein reines Wildtier noch ein reines Haustier ist und seit elisabethanischer Zeit für die Küche gezüchtet wird.

Den Ofen auf 200 °C vorheizen.

Für das Fleisch das Perlhuhn mit Zitrone, Knoblauch und Rosmarin füllen. Gut mit Salz und Pfeffer würzen, dann die Füße mit Küchengarn zusammenbinden.

Den gehackten Salbei mit Butter, Zitrusschale und je 1 Prise Salz und Pfeffer vermischen. Einen Teil der Butter unter die Haut des Perlhuhns drücken, den Rest der Butter auf der gesamten Haut des Perlhuhns verreiben. Das Perlhuhn in einen Bräter legen, mit Salz und Pfeffer würzen, mit Olivenöl beträufeln und mit Thymianzweigen belegen. Im Ofen 30 Minuten braten.

Die Ofentemperatur auf 180 °C verringern.

Weißwein und Hühnerbrühe in den Bräter gießen und das Perlhuhn für weitere 25 Minuten braten, bis es goldbraun und zart ist. Zur Garprobe das Fleisch zwischen Keule und Brust anstechen; der austretende Bratensaft sollte klar sein. Das Perlhuhn vor dem Anschneiden 10 Minuten ruhen lassen.

In der Zwischenzeit für den Couscous die Spargelstangen in kochendem Wasser 8 Minuten kochen, dann abgießen und beiseitestellen.

Couscous, rote Zwiebel, Petersilie, Zitronensaft, Rosmarin, Thymian und Olivenöl in einer großen Schüssel vermischen, dann mit der kochenden Hühnerbrühe übergießen. Die Schüssel mit Frischhaltefolie abdecken und den Couscous 3–4 Minuten ziehen lassen. Die Frischhaltefolie wieder entfernen, die Spargelstangen nach Belieben in Stücke schneiden, dazugeben, mit Salz und Pfeffer würzen und noch einmal alles mit einer Gabel vermengen.

Den Couscous-Salat mit dem gebratenen Perlhuhn servieren.

Ente

mit Rosmarin-Fenchelsamen-Glasur, Süßkartoffelragout und Feigen

[Pato glaseado con romero y semillas de hinojo con ragú de boniato y higos frescos]

- Für 4 Portionen
- Vorbereitungszeit: 15 Minuten
- Garzeit: 30 Minuten

Für das Ragout:

2 EL	Olivenöl
1	Zwiebel, gehackt
2	Knoblauchzehen, zerdrückt
2 TL	Paprikapulver
1 TL	Cayennepfeffer
1 TL	Kreuzkümmelpulver
1 TL	gehackte Rosmarinnadeln
600 g	Süßkartoffeln, geschält und gewürfelt
400 g	Tomaten, gehackt
1 EL	Sherryessig
+	Meersalz und frisch gemahlener schwarzer Pfeffer

Für die Glasur:

1 TL	Fenchelsamen
1 EL	gehackte Rosmarinnadeln
150 ml	Ahornsirup
100 ml	Wasser

Für das Fleisch:

4	Entenbrüste
+	Meersalz und frisch gemahlener schwarzer Pfeffer
6	frische Feigen, geviertelt

Den Ofen auf 200 °C vorheizen.

Für das Ragout das Olivenöl in einem schweren Topf bei niedriger bis mittlerer Hitze erhitzen. Zwiebel und Knoblauch dazugeben und weich anschwitzen. Paprikapulver, Cayennepfeffer, Kreuzkümmel und Rosmarin dazugeben und alles noch 1 Minute garen. Die Süßkartoffeln dazugeben, Tomaten und Sherryessig hinzufügen und die Süßkartoffeln unter gelegentlichem Rühren 25 Minuten garen, bis sie weich sind.

In der Zwischenzeit für die Glasur die Fenchelsamen in einer trockenen Pfanne leicht anrösten. Rosmarin, Ahornsirup und Wasser dazugeben, alles zum Kochen bringen und köchelnd etwa 2 Minuten zu einem leichten Sirup reduzieren. Die Pfanne vom Herd nehmen und die Glasur beiseitestellen.

Für das Fleisch die Entenbrüste mit Salz und Pfeffer würzen. Eine separate schwere Bratpfanne bei mittlerer Hitze erhitzen. Die Entenbrüste mit der Hautseite nach unten in die Pfanne legen und 3–4 Minuten sanft braten, bis die Haut knusprig und goldgelb ist. Die Entenbrüste mit der Hautseite nach oben auf ein Backblech legen, die Haut mit einem Pinsel mit der Glasur bestreichen. Die Entenbrüste im Ofen 4–6 Minuten braten, bis sie gerade gar und in der Mitte rosa sind. Aus dem Ofen nehmen und an einem warmen Ort 2–3 Minuten ruhen lassen. Inzwischen das Süßkartoffelragout mit Salz und Pfeffer würzen.

Die glasierte Ente zusammen mit dem Süßkartoffelragout und den frischen Feigen servieren.

Miesmuscheln

[Mejillones]

Meiner Meinung nach bieten frische Miesmuscheln ein kulinarisches Erlebnis für alle Sinne – angefangen bei den glänzend schwarzen Schalen, in denen sie wirklich cool aussehen. Hinzu kommt das Klappern, wenn sie sanft in der Pfanne gerüttelt und in eine große Schüssel umgefüllt werden. Und schließlich atmet man das herrliche meeresfrische Aroma ein, bevor man das saftige Miesmuschelfleisch aus seinen Schalen löst und dessen wunderbaren, kräftigen Geschmack genießt. Und als ob das nicht schon genug wäre, kommt zum Schluss das Beste: Nach dem Kochen bleibt eine intensiv reichhaltige, verlockende Brühe, die das unglaublichste Geschmackserlebnis bietet. Wenn Sie diese köstliche, duftende Brühe mit knusprigen Brotstücken auftunken, erleben Sie einen wirklich einzigartigen Geschmack.

Miesmuscheln, oft als die Schalentiere des armen Mannes angesehen, sind preiswert, im Überfluss vorhanden und völlig nachhaltig. Archäologische Funde zeigen, dass Miesmuscheln seit über 20.000 Jahren als Nahrungsmittel dienen. Sie sind eine gute Quelle für Vitamin B12, Zink, Folsäure und Omega-3-Fettsäuren.

Spanische Miesmuscheln sind neben Venusmuscheln Zutat in fast jedem erdenklichen Meeresfrüchtegericht, von der allgegenwärtigen Paella über die verschiedenen Fischsuppen, Eintöpfe und *calderetas* an der langen spanischen Küste. In den geschützten Buchten der spanischen Atlantikküste werden Miesmuscheln kommerziell in Muschelfarmen gezüchtet; dort wachsen sie an Seilen, die an hölzernen Flößen hängen. Der ständige Austausch des Wassers durch die Gezeitenbewegung bei Ebbe und Flut fördert das Wachstum von Plankton, der Hauptnahrungsquelle der Miesmuscheln. Heute finden sich allein an der Küste Galiciens über 3000 fest verankerte Flöße, an denen mit Muscheln bedeckte Seile herabhängen. Die bis zu 115 Kilogramm schweren Seile werden in Boote gehievt und von ihrer Ernte befreit.

Muscheln leben in der Regel in flachen, sandigen Gewässern, wo sie beim Fressen Sand und andere Partikel zwischen ihren Schalen aufnehmen. Frische Muscheln kann man gut von diesem Sand befreien, indem man sie in einen Eimer mit kaltem Salzwasser legt, in das man ein wenig Hafermehl gestreut hat. Die Muscheln ernähren sich vom Hafermehl und scheiden den Schmutz aus. Wenn Sie Miesmuscheln zum Kochen vorbereiten, waschen Sie sie gründlich, schrubben mit einer Bürste alle Seepocken ab und entfernen ihre „Bärte" (die haarähnlichen Fäden, mit denen sie sich an Felsen festsetzen). Werfen Sie Muscheln weg, die nicht fest verschlossen sind oder zerbrochene Schalen haben. Klopfen Sie geöffnete Muscheln, die auf der Tischplatte liegen, ein wenig mit den Fingern an – wenn sie sich schließen, sind sie noch lebendig und frisch.

Katalanische Fischsuppe

mit Seeteufel, Meerbrasse und Miesmuscheln

[Suquet de peix]

- *Für 6 Portionen*
- *Vorbereitungszeit: 25 Minuten*
- *Garzeit: 25–30 Minuten*

200 ml	Olivenöl
1	Zwiebel (vorzugsweise aus Spanien), gehackt
4	Knoblauchzehen
4	Tomaten, geschält und gehackt
2	Kartoffeln, geschält und in Scheiben geschnitten
1 Prise	Safranfäden
1,2 l	Fischbrühe (Bouillon)
250 g	Seeteufelschwanz, filetiert, gehäutet und in mundgerechte Stücke geschnitten
250 g	Meerbrassenfilets, in mundgerechte Stücke geschnitten
700 g	frische Miesmuscheln, geputzt und entbartet
100 g	geröstete Mandelkerne, gemahlen
1 EL	gehackte glatte Petersilie
+	Meersalz und frisch gemahlener schwarzer Pfeffer

Die Fischerdörfer an der spanischen Küste sind berühmt für ihre beliebten Fischeintöpfe und -suppen. Dazu gehören einige wirklich köstliche Gerichte wie *Caldereta*, *Zarzuela* und *Suquet de peix*. Der katalanische *Suquet* ist eines meiner Lieblingsgerichte. Es ist nämlich schlicht eine eigene Mahlzeit – die nur ein wenig knuspriges Brot und vielleicht einen frischen trockenen Weißwein als Begleitung braucht. Hier auf den Balearen gibt es auf den lokalen Märkten immer eine Auswahl an seltsamen und wunderbaren kleinen Fischen, die zusammen *moralla* genannt werden. Diese leckeren, kleinen Fische eignen sich perfekt zum Aromatisieren von kräftigen Fischsuppen und -brühen, wer will, kann aber natürlich alle möglichen frischen Fische zusammen verwenden.

Das Olivenöl in einem schweren Topf bei niedriger bis mittlerer Hitze erhitzen. Die Zwiebel dazugeben und 2–3 Minuten weich dünsten. Knoblauch, Tomaten, Kartoffeln und Safran hinzufügen, dann mit der Fischbrühe aufgießen und alles zum Kochen bringen. Die Temperatur auf kleine Flamme reduzieren und die Suppe 10–15 Minuten kochen, bis die Kartoffeln weich sind.

Fisch, Miesmuscheln (sie müssen alle fest verschlossen sein) und gemahlene Mandelkerne einrühren, dann das Ganze 10 Minuten kochen, bis sich alle Miesmuscheln geöffnet haben (alle Muscheln, die weiterhin geschlossen bleiben, wegwerfen) und der Fisch gar ist. Die gehackte Petersilie dazugeben und die Suppe mit Salz und Pfeffer abschmecken.

In eine Suppenterrine umfüllen und sofort servieren.

PTO. D'ANDRATX

Frische Miesmuscheln

„Escabeche“

[Escabeche de mejillones]

- Für 4 Portionen
- Vorbereitungszeit: 15 Minuten, plus 24 Stunden zum Kühlen
- Garzeit: 10–15 Minuten

Für die Escabeche:

250 ml	Olivenöl
120 ml	Sherryessig
125 ml	Wasser
100 ml	trockener Weißwein
5	schwarze Pfefferkörner, zerstoßen
1	kleine Zwiebel, in feine Ringe geschnitten
4	Knoblauchzehen, zerdrückt
1 TL	Paprikapulver
1 TL	getrockneter Oregano
1	Gewürznelke
2	Lorbeerblätter
1	TL Meersalz

Für die Muscheln:

+	Meersalz (für das Kochwasser)
1 kg	frische Miesmuscheln, geputzt und entbartet
+	frische Oliven und Salatblätter (zum Servieren)

In Spanien ist es seit über 1000 Jahren gängige Praxis, Lebensmittel in „Escabeche“-Beize zu konservieren. In dieser Marinade aus Essig, Wein, Öl, Lorbeerblättern und Pfefferkörnern können viele verschiedene Lebensmittel eingelegt werden, von Wildpilzen über Kleinwildvögel bis hin zu allen Arten von Meeresfrüchten. Miesmuschel-Escabeche kann bereits am Vortag zubereitet werden und ist zusammen mit anderen Tapas ein perfektes Appetithäppchen. Sie ist schnell und einfach zuzubereiten, preiswert und schmeckt zudem köstlich.

Alle Zutaten für die Escabeche in einen schweren Topf geben und bei niedriger bis mittlerer Hitze 10–15 Minuten langsam garen.

In der Zwischenzeit für die Muscheln einen Topf mit Salzwasser zum Kochen bringen und die Miesmuscheln (sie müssen alle gut verschlossen sein) gegebenenfalls in Chargen etwa 2 Minuten kochen, bis sie sich öffnen. Alle Muscheln, die sich nicht geöffnet haben, wegwerfen. Die Muscheln abtropfen und leicht abkühlen lassen.

Sobald sie ausreichend abgekühlt sind, das Muschelfleisch aus den Schalen lösen und in die Escabeche legen. Die Escabeche vom Herd nehmen und vollständig abkühlen lassen. Im abgekühlten Zustand mindestens 24 Stunden im Kühlschrank aufbewahren.

Die Muscheln mit frischen Oliven und Salatblättern servieren.

Miesmuscheln spanische Art

mit Oliven, Chorizo und Sherry

[Mejillones con aceitunas, chorizo y jerez]

- *Für 4 Portionen*
- *Vorbereitungszeit: 10 Minuten*
- *Garzeit: 8–10 Minuten*

2 EL	Olivenöl
1	Zwiebel, fein gehackt
50 g	Chorizo, gewürfelt
½	rote Paprikaschote, entkernt und fein gehackt
4	Knoblauchzehen, zerdrückt
1,25 kg	frische Miesmuscheln, geputzt und entbartet
150 ml	trockener Sherry (fino)
24	grüne Oliven (vorzugsweise Manzanillas) ohne Stein, fein gehackt
3	Tomaten, geschält und gewürfelt
+	Saft von 1 Zitrone
2 EL	fein gehackte glatte Petersilie
+	Meersalz und frisch gemahlener schwarzer Pfeffer

Alle spanischen Aromen scheinen gut mit Miesmuscheln zu harmonieren. Dies ist eines meiner Lieblingsrezepte, das mich nie im Stich lässt, wenn ich meiner Familie und Freunden ein einfaches, köstliches Abendessen servieren möchte.

Das Olivenöl in einem großen Topf bei niedriger Hitze erhitzen. Zwiebel, Chorizo, rote Paprikaschote und Knoblauch dazugeben und unter ständigem Rühren 2–3 Minuten weich dünsten. Die Miesmuscheln einrühren (sie müssen alle fest verschlossen sein), bis die Mischung sie gleichmäßig bedeckt. Mit dem Sherry ablöschen, den Deckel auflegen und die Muscheln 4–5 Minuten garen, bis sie gerade anfangen, sich zu öffnen.

Oliven, Tomaten, Zitronensaft und Petersilie dazugeben, mit Salz und Pfeffer würzen und kurz umrühren, dann den Topf erneut verschließen und die Muscheln 1 weitere Minute garen.

Die Muscheln im Topf zum Tisch bringen, den Deckel abheben und die Muscheln sofort servieren. Achten Sie darauf, alle Miesmuscheln wegzuwerfen, die nach dem Kochen noch immer geschlossen sind.

STAUB

Gebackene Miesmuscheln

mit Tomaten, Parmesan und Basilikum

[Mejillones rellenos con tomate, parmesano y albahaca]

- *Für 4 Portionen*
- *Vorbereitungszeit: 15 Minuten*
- *Garzeit: 15–19 Minuten*

4 EL	Olivenöl
1	mittelgroße Zwiebel, fein gehackt
2	Knoblauchzehen, gehackt
½ TL	Paprikapulver
+	Saft von ½ Zitrone
200 ml	trockener Weißwein
1 kg	frische Miesmuscheln, geputzt und entbartet
200 ml	frische Tomatensauce
10	Basilikumblätter, gezupft
2 EL	fein gehackte glatte Petersilie
1 Prise	Flor de Sal
50 g	Parmesan, frisch gerieben
50 g	weiße Semmelbrösel
+	knuspriges Weißbrot (zum Servieren)

Den Ofen auf 180 °C vorheizen.

Das Olivenöl in einem großen Topf bei niedriger bis mittlerer Hitze erhitzen. Zwiebel und Knoblauch dazugeben und 2–3 Minuten weich dünsten. Paprikapulver, Zitronensaft, Weißwein und Miesmuscheln dazugeben (sie müssen alle fest verschlossen sein), den Deckel auflegen und Miesmuscheln 5–6 Minuten garen, bis sich alle geöffnet haben.

Den Topf vom Herd nehmen, immer noch geschlossene Miesmuscheln wegwerfen und den Kochsud in einen sauberen Topf abseihen. Sobald die Miesmuscheln genügend abgekühlt sind, das Muschelfleisch aus den Schalen lösen und von jeder Muschel eine Schalenhälfte aufbewahren. Aufbewahrte Muschelschalenhälften auf ein Backblech legen.

Den Kochsud zum Kochen bringen und die frische Tomatensauce hinzufügen. Die Temperatur reduzieren und die Sauce weitere 3–4 Minuten kochen, bis sie eingedickt ist. Basilikum, Petersilie, Flor de Sal und gekochte Miesmuscheln unterrühren.

Miesmuscheln und Sauce in die leeren Schalen löffeln (1 Muschel pro Schale), mit Parmesan und Semmelbröseln bestreuen und im Backofen 4–5 Minuten backen beziehungsweise bis sie an der Oberseite goldbraun sind und blubbern. Mit knusprigem Weißbrot servieren.

Seeteufelschwänze

mit Miesmuscheln, Safran, Cidre und Lauch

[Rape con mejillones, azafrán, sidra y puerros]

- *Für 4 Portionen*
- *Vorbereitungszeit: 20 Minuten*
- *Garzeit: 25–30 Minuten*

4	EL Olivenöl
4	Seeteufelschwänze à 220 g, gehäutet
1	Zwiebel, fein gehackt
2	Lauchstangen, geputzt und in Ringe geschnitten
4	Knoblauchzehen, fein gehackt
½ TL	Safran
½ TL	Paprikapulver
250 g	Tomaten, geschält, entkernt und gehackt
350 ml	trockener Cidre
300 ml	Fischbrühe (Bouillon)
400 g	frische Miesmuscheln, geputzt und entbartet
+	Meersalz und frisch gemahlener schwarzer Pfeffer
2 EL	feine Schnittlauchröllchen

Das Olivenöl in einem großen, schweren Topf bei mittlerer Hitze erhitzen. Die Seeteufelschwänze hinzufügen und auf jeder Seite 1–2 Minuten anbraten, dann wieder herausnehmen und beiseitestellen.

Zwiebel, Lauch, Knoblauch, Safran und Paprikapulver in den Topf geben und 2–3 Minuten unter Rühren anschwitzen. Tomaten, Cidre und Fischbrühe hinzufügen und das Ganze unter gelegentlichem Rühren 15–20 Minuten garen, bis die Sauce eingedickt ist.

Die Miesmuscheln (sie müssen alle fest verschlossen sein) und den Seeteufel dazugeben, den Deckel auflegen und die Muscheln 5 Minuten garen, bis sie alle geöffnet sind (immer noch geschlossene Muscheln wegwerfen).

Mit Salz und Pfeffer abschmecken, mit feinen Schnittlauchröllchen bestreuen und sofort servieren.

Olivenöl

[Aceite de Oliva]

Wir haben das große Glück, dass ein Freund unser Restaurant mit Olivenöl beliefert – jede Woche erhalten wir es frisch gepresst, und sein Aroma ist wirklich herrlich fruchtig. Pep Solivellas gehört zu Mallorcas wahren, bescheidenen kulinarischen Helden. Der frühere Leiter einer lokalen Bank wechselte das Metier und produziert heute einige der besten nativen Olivenöle extra, die ich je probiert habe. Pep arbeitet mit seiner Familie auf seiner Finca Es Guinyent bei Pollença und ist am glücklichsten, wenn er auf seinem Traktor sitzt, eine dicke Zigarre raucht und viel Wirbel um seine Olivenbäume veranstaltet. Wenn ich durch die Olivenhaine spaziere und mir Peps lyrische Ergüsse über die vielen Wohltaten des Olivenöls anhöre, muss ich unweigerlich daran denken, wie sich die Welt in den letzten 40 Jahren verändert hat. Als ich als Kind in den 1960er- und 1970er-Jahren am Stadtrand von London aufwuchs, bekam man Olivenöl nur in der Drogerie oder Apotheke! Es wurde in winzigen Flaschen verkauft und zur Behandlung von Ohrenschmerzen verwendet, aber gekocht wurde damit nie. Als ich Anfang der 1980er-Jahre zum professionellen Koch ausgebildet wurde, lernte ich die klassische französische Kochkunst, in der Sahne und Butter allgegenwärtig waren und Olivenöl nur gelegentlich in einer Vinaigrette oder in Salatdressings einen kurzen Auftritt hatte. Glücklicherweise haben sich die Dinge geändert und heute könnte ich mir meine Küche ohne Olivenöl gar nicht mehr vorstellen.

Im Mittelmeerraum sind wir mit unglaublichen 93 Prozent der weltweit rund 800 Millionen Olivenbäume gesegnet. Die bescheidene Olive gilt als ältester kultivierter Baum der westlichen Hemisphäre, wurde in Mythen verewigt und ist ein Symbol für langes Leben. Mit ihrem Öl wurden Könige gesalbt und fein geschliffene Diamanten poliert, Heilsalben gemischt und Seifen hergestellt. Ich erinnere mich noch an den Tag, an dem sich meine Einstellung zu Olivenöl für immer verändert hat. Ich war gerade nach Spanien gezogen und sah in der schönen baskischen Stadt San Sebastián einem Koch zu, der das klassische Klippfischgericht *Bacalao al pil-pil* zubereite (siehe auch Seite 58). Fasziniert schaute ich zu, wie er einen halben Liter Olivenöl in eine Tonform goss und darin ein paar Scheiben Knoblauch und ein wenig Chili über sanfter Flamme garte, bevor er vier oder fünf Salzdorschfilets hinzufügte. Als sie fast gar waren, nahm er die Steingutform vom Ofen und ließ sie kreisen, sodass das Olivenöl durch die Bewegung langsam mit der natürlichen Fischgelatine emulgierte. Innerhalb von etwa fünf Minuten war eine köstliche, seidig-weiche weiße Sauce entstanden, die den Fisch fast wie eine Hollandaise bedeckte, und sobald ich den ersten Bissen dieses Gerichts probiert hatte, begann ich Olivenöl wirklich ernsthaft zu lieben. Wie konnten zwei so einfache Zutaten, Dorsch und Olivenöl, ein so anspruchsvolles und köstliches Gericht hervorbringen? In diesem Moment änderte sich meine Kochphilosophie und ich begann langsam, meinen eigenen Kochstil zu entwickeln, zu dem gutes Olivenöl als eine meiner unentbehrlichen Zutaten gehört.

Olivenöl wird nach seinem Säuregehalt beurteilt; das hochwertigste Öl hat im Allgemeinen den niedrigsten Säuregehalt. Natives Olivenöl extra ist die höchste Güteklasse und kostet deshalb am meisten. Einige meiner Lieblingsolivenöle werden aus Arbequina-Oliven gepresst – kleine grün-braune Oliven mit einem angenehmen, pfeffrigen Geschmack und leicht bitterem Fruchtfleisch. Ihr Öl duftet herrlich nach grünen Äpfeln, Fenchel und frisch geschnittenem Gras mit einem Hauch von Mandeln und Limone. Olivenöl sollte nicht über einen längeren Zeitraum hinweg Hitze, Licht oder Luft ausgesetzt werden. Es muss nicht gekühlt, sondern sollte an einem kühlen, dunklen Ort gelagert werden. Da man Olivenöl nach zwei Jahren oder sobald es die ersten ranzigen Anzeichen zeigt, weggießen sollte, kauft man es am besten in kleinen Mengen und achtet darauf, es regelmäßig zu verwenden.

Marinierter Klippfisch-Salat

mit schwarzen Oliven

- Für 4 Portionen
- Zubereitungszeit: 40 Minuten, plus 24 Stunden zum Einweichen des Klippfischs, plus mind. 30 Minuten zum Marinieren

[Esqueixada de bacalao con olivas negras]

Esqueixada wird gelegentlich als „katalanische Ceviche" bezeichnet. Sie können den Klippfisch kochfertig – also bereits eingeweicht und entsalzt – kaufen oder ihn vor der Zubereitung über Nacht einweichen. Wenn Sie keinen Klippfisch bekommen, können Sie ihn durch geräucherten Kabeljau oder geräucherten Lachs ersetzen.

Sofern noch nicht kochfertig, den Klippfisch in einer großen Schüssel mit kaltem Wasser 24 Stunden einweichen, dabei das Wasser 2- oder 3-mal wechseln. Den Klippfisch in einem Sieb abtropfen lassen, abschließend unter fließendem kaltem Wasser abspülen und mit Küchenpapier trocken tupfen.

Den Klippfisch in kleine Stücke zerteilen und in eine große Servierschüssel legen. Paprika, Tomaten, Oliven und Schnittlauchröllchen hinzufügen. Das Ganze mit Olivenöl und Essig übergießen, dann mit Salz und Pfeffer abschmecken. Den Salat vorsichtig vermengen und vor dem Servieren mindestens 30 Minuten im Kühlschrank marinieren.

400 g	Klippfisch (Bacalao)
1	kleine rote Paprikaschote, entkernt und fein gewürfelt
1	kleine grüne Paprikaschote, entkernt und fein gewürfelt
2	große reife Tomaten, geschält, geviertelt und entkernt
15	schwarze Oliven ohne Stein
1 EL	feine Schnittlauchröllchen
80 ml	Olivenöl
1 EL	Sherryessig
+	Meersalz und frisch gemahlener schwarzer Pfeffer

Gelbe Gazpacho

mit Räucherlachs und Avocado

[Gazpacho amarillo con salmón ahumado y aguacate]

- *Für 4 Portionen*
- *Zubereitungszeit: 15 Minuten, plus 30 Minuten zum Marinieren, plus 2–3 Stunden zum Kühlen*

Für die Gazpacho:

6	reife gelbe Tomaten
2	Salatgurken, geschält, entkernt und klein geschnitten
1	große gelbe Paprikaschote, entkernt und gewürfelt
½	mittelgroße weiße Zwiebel, gehackt
2 EL	Sherryessig
200 ml	hochwertiges Olivenöl
1	Knoblauchzehe, zerdrückt
300 ml	Mangopüree
6	Eiswürfel
+	Meersalz und frisch gemahlener schwarzer Pfeffer

Zum Servieren:

8	Scheiben Räucherlachs
1	Avocado, geschält und gewürfelt
6	gelbe Kirschtomaten, halbiert
+	frische Kräuterblättchen (z.B. Oregano; zum Bestreuen)

Von ihren bescheidenen Anfängen hat sich die Gazpacho zu einer der am höchsten verehrten und am weitesten gereisten kalten Suppen der Welt entwickelt. Seit Jahrhunderten stillt sie Hunger, löscht Durst und verleiht Menschen Kraft, die in der heißen Sonne arbeiten. 1605 wurde sie sogar in Miguel de Cervantes' klassischem Roman „Don Quijote" erwähnt; seitdem ist die Gazpacho Teil der spanischen Kultur. Offensichtlich vollendete Cervantes sein Meisterwerk, als er wegen Unregelmäßigkeiten in der Buchführung während seiner Arbeit für die Regierung im Gefängnis saß, wo er wahrscheinlich Hunger litt und sich nach frischen, leckeren Lebensmitteln sehnte. Meine gelbe Gazpacho ist eine sehr moderne, leichte und farbenfrohe Variante, die bei den Gästen unseres Restaurants im Sommer sehr beliebt ist.

Für die Gazpacho Tomaten, Gurken, Paprika, Zwiebel, Sherryessig, Olivenöl, Knoblauch und Mangopüree in eine Schüssel geben und mindestens 30 Minuten marinieren.

Marinierte Mischung mit den Eiswürfeln in einer Küchenmaschine zu Gazpacho mit feiner Konsistenz verarbeiten. Die Gazpacho durch ein feines Sieb passieren, mit Salz und Pfeffer abschmecken und im Kühlschrank mindestens 2–3 Stunden kalt stellen.

Zum Servieren in jedem Suppenteller je 2 Scheiben Räucherlachs in die Mitte legen und mit Avocadowürfeln belegen, halbierte Kirschtomaten einlegen. Am Tisch mit der kalten Gazpacho begießen, mit Kräuterblättchen bestreuen.

Gegrillte Meerbrasse

mit Blumenkohlpüree und Antiboise-Sauce

[Dorada al horno con puré de coliflor y salsa antiboise]

- *Für 2 Portionen*
- *Vorbereitungszeit: 20 Minuten*
- *Garzeit: 20–25 Minuten*

Für die Sauce:

4 EL	Olivenöl
4	Basilikumblätter, gezupft
10	Korianderblätter
2	Schalotten, fein gehackt
4	Tomaten, geschält und gewürfelt
½	Knoblauchzehe, zerdrückt
+	Saft von 1 Zitrone
+	Meersalz und frisch gemahlener schwarzer Pfeffer

Für das Püree:

2 EL	Olivenöl
1	kleiner Blumenkohl, in kleine Röschen zerteilt
300 ml	Milch
2	gesalzene Sardellenfilets
+	frisch gemahlener weißer Pfeffer

Für den Fisch:

1	Meerbrasse à ca. 700–800 g, entschuppt und ausgenommen
100 ml	Olivenöl
+	Meersalz und frisch gemahlener schwarzer Pfeffer
+	Limetten- oder Zitronenspalten (zum Servieren)

Für die Sauce alle Zutaten vermischen und 15 Minuten beiseitestellen. Inzwischen den Ofengrill auf mittlere Hitze vorheizen.

Für das Püree das Olivenöl in einem kleinen Topf bei niedriger bis mittlerer Hitze erhitzen. Die Blumenkohlröschen dazugeben und leicht garen, bis sie anfangen, weich zu werden. Die Milch dazugießen und den Blumenkohl bei niedriger Hitze 15–20 Minuten sanft köcheln, bis er gerade gar ist. Die Sardellenfilets hinzufügen und alles mit einem Stabmixer zu glattem Püree verarbeiten. Nach Belieben mit etwas weißem Pfeffer abschmecken.

In der Zwischenzeit für den Fisch die Meerbrasse auf ein Backblech legen, mit Olivenöl bestreichen und mit Salz und Pfeffer innen und außen würzen. Die Meerbrasse 6 Minuten grillen, dann wenden und so lange weitergrillen, bis die Haut goldbraun und knusprig ist.

Zum Servieren die Meerbrasse auf eine warme Servierplatte legen, die Sauce darüberlöffeln und zusammen mit dem Blumenkohlpüree und Limetten- oder Zitronenspalten servieren.

Erdbeeren in Olivenölmarinade

mit Lavendel-Passionsfrucht-Creme

[Fresitas marinadas en aceite de oliva con crema de fruta de la pasión y lavanda]

- *Für 4 Portionen*
- *Vorbereitungszeit: 15 Minuten, plus mind. 2–3 Stunden zum Kühlen und Marinieren*
- *Garzeit: 8–10 Minuten*

	Für die Creme:
150 g	Crème double
150 ml	Milch
1 TL	getrocknete Lavendelblüten
150 ml	Orangensaft
+	Saft und Samen von 3 Passionsfrüchten
6	Eigelb
1 TL	Stärkemehl
125 g	feinster Zucker (Kastorzucker)

	Für die Erdbeeren:
400 g	frische Erdbeeren, geviertelt
100 ml	Olivenöl
+	Schale und Saft von 1 Bio-Limette
1 EL	feinster Zucker (Kastorzucker)
+	Saft und Samen von 1 Passionsfrucht

Für die Creme in einem Topf Crème double, Milch und Lavendelblüten zum Kochen bringen. Den Topf vom Herd nehmen und die Mischung mindestens 10 Minuten ziehen lassen.

In einem separaten kleinen Topf Orangensaft und Passionsfrüchte aufkochen und 2–3 Minuten zu einem leichten Sirup reduzieren.

Eigelbe, Stärkemehl, Zucker und Passionsfruchtsirup in einer großen Schüssel glatt verrühren und unter die Crememischung ziehen.

Den Topf bei niedriger Hitze auf den Herd zurückstellen und die Crememischung unter ständigem Rühren 3–4 Minuten erhitzen, aber nicht kochen, bis sie an einem Löffelrücken haften bleibt und nicht mehr abläuft. Sobald die Mischung andickt, den Topf vom Herd nehmen, die Creme durch ein feines Sieb in eine Schüssel passieren und im Kühlschrank mindestens 2–3 Stunden kalt stellen.

Mindestens 20 Minuten vor dem Servieren die Erdbeeren mit den restlichen Zutaten in einer großen Schüssel vermischen und zum Marinieren beiseitestellen.

Zum Servieren 4 große Gläser halb mit Lavendel-Passionsfrucht-Creme befüllen, darauf die marinierten Erdbeeren verteilen und sofort servieren.

Zitronen-Madeleines

Olivenöl-Madeleines

[Magdalenas caseras de anís y aceite de oliva]

- *Ergibt etwa 32 Madeleines*
- *Vorbereitungszeit: 15 Minuten, plus 30 Minuten zum Kühlen*
- *Garzeit: 15 Minuten*

100 ml	Olivenöl plus ein wenig zum Einfetten
3	Eier
200 g	feinster Zucker (Kastorzucker)
+	abgeriebene Schale von 1 Bio-Zitrone
12–15	Anissamen, leicht geröstet
+	Saft von 2 Zitronen
250 g	Weizenmehl
1 TL	Backpulver
1 Prise	Salz
+	Puderzucker (zum Bestäuben)

Den Ofen auf 190 °C vorheizen. Madeleine-Backform(en) mit ein wenig Olivenöl einfetten.

In einer großen Schüssel Eier, Zucker, Zitronenschale und Anissamen schaumig und fast weiß auf das doppelte Volumen aufschlagen (wenn Ihr Bizeps nicht ganz so trainiert ist, können Sie auch ein elektrisches Handrührgerät verwenden). Unter ständigem Aufschlagen den Zitronensaft und dann langsam das Olivenöl einfließen lassen.

Mehl, Backpulver und Salz zusammen in eine separate Schüssel sieben. Die Mehlmischung mit einem Spatel vorsichtig unter die Eiermasse heben.

Den Teig in die vorbereitete(n) Madeleine-Form(en) löffeln und 15 Minuten goldbraun backen. Madeleines noch warm aus den Formen heben und zum Abkühlen auf ein Kuchengitter legen. Vor dem Servieren mit etwas Puderzucker bestäuben.

Pfirsiche

[Melocotones]

Nichts geht über den reichen, satten Wohlgeschmack der süßen, aromatischen Mittelmeer-Pfirsiche. Die saftigen, prallen Früchte sind einfach köstlich und zudem auf viele verschiedene und interessante Arten verwendbar. Sie können in Zuckersirup mit Zimt, Vanille und Nelken pochiert, mit Kardamom geröstet oder mit braunem Zucker und Mandeln gebraten und karamellisiert werden. Pfirsiche passen perfekt zu Champagner, Cassis und Calvados, schmecken aber auch fantastisch in Kombination mit Ingwer, Zitronen, Orangen, Erdbeeren und Haselnüssen. Entenbraten geht mit glasierten Pfirsichen eine traumhafte Geschmacksverbindung ein und im Winter kann süßsaures Pfirsich-Safran-Chutney (siehe Seite 146) Wurstwaren, Pasteten und Salate aufpeppen.

Der Pfirsich stammt aus China und wurde vor rund 2000 Jahren über die Seidenstraße erst nach Persien und dann nach Europa gebracht. Alexander der Große führte ihn in Griechenland und Rom ein, wo man ihn als „König der Früchte" liebte. Pfirsiche wachsen an laubabwerfenden Bäumen aus der Familie der Rosengewächse und sind mit der Mandel verwandt. Sobald sie geerntet wurden, reifen sie nicht mehr nach, darum ist es wichtig, feste, reife, deutlich duftende Früchte auszuwählen. Achten Sie darauf, dass sie makellos und nicht zu hart sind, und kaufen Sie nur so viele, wie Sie verbrauchen wollen, da frische Pfirsiche nur sehr begrenzt haltbar und leicht verderblich sind.

Slow Food

[Slow Food]

„Wann immer wir einen Geschmack, einen Duft verlieren, verlieren wir ein Rezept." – Carlo Petrini

Die meisten von uns wissen, wie wichtig Saisonalität, Frische und Geschmack sind. Bezeichnungen wie „aus der Region", „biologisch" und „handwerklich produziert" sind allgegenwärtig, aber nur allzu leicht verliert man sich im Marketingjargon und vergisst, was sie genau bedeuten. Das heißt, bis man jemanden wie Laura Buades trifft.

Laura gehört zu den führenden Persönlichkeiten der Slow-Food-Bewegung* in Spanien und setzt sich dafür ein, die Verwendung von lokal produzierten, saisonalen und biodynamischen Lebensmitteln zu fördern. Sie glaubt daran, dass wir uns wieder mit den vergessenen Rhythmen der Natur verbinden und das Land in diesem Sinn bewirtschaften sollen. Laura ist davon überzeugt, dass wir durch industriell verarbeitete Lebensmittel und die damit verbundene intensive Landwirtschaft Landschaften verändern und zudem eine Lebensweise zerstören, die der Produktion und dem zwanglosen, geselligen Genuss von hervorragenden Lebensmitteln größte Bedeutung zumisst.

Bei einem Rundgang durch ihren Garten erklärte sie mir, wie viele einheimische Obst- und Gemüsesorten durch die Standardisierung und Kommerzialisierung bedroht sind. „Es ist überaus wichtig, unsere vergessenen Lebensmittel nicht für immer zu verlieren. Einige dieser Sorten sind Hunderte, ja sogar Tausende Jahre alt und gehören zu unserem kulinarischen, wissenschaftlichen, genetischen und allgemeinen Kulturerbe; darüber hinaus stellen sie sicher, dass die genetische Vielfalt bewahrt wird. Deshalb sollten wir sie essen und nicht verschwinden lassen!"

Dann reichte sie mir einen wunderbaren, in der Sonne gereiften Pfirsich direkt vom Baum und führte weiter aus: „Wir sind, was wir essen, und wir gestalten das Land, das zukünftigen Generationen zur Verfügung stehen wird. Gemeinsam mit gleichgesinnten Bauern wollen wir das Bewusstsein schärfen und lokale, vergessene Sorten schützen, damit sie wiederentdeckt und vermarktet werden können."

Das macht mir wieder bewusst, dass heutiger Lebensstil und moderne Produktionsmethoden hauptsächlich für den Verlust vieler unserer traditionellen Lebensmittel verantwortlich sind. Mit ihrem Verschwinden verlieren wir aber auch jahrhundertealtes Wissen und Traditionen. Heute erhält man häufig leichter Importware, die um die halbe Welt geschippert wurde, als Lebensmittel, die direkt vor der Haustür produziert werden. Es ist an der Zeit, die Verbindung zwischen unserem Essen, dem Land und den Menschen, die es produzieren, wiederherzustellen.

**Die von Carlo Petrini gegründete Slow-Food-Bewegung wendet sich gegen die Standardisierung des Geschmacks, besteht auf der Notwendigkeit von Verbraucherinformation und schützt die mit Essen und gastronomischen Traditionen verbundenen kulturellen Identitäten.*

Pfirsich-Safran-Chutney

[Compota de melocotones y azafrán]

- *Ergibt 4–6 Gläser*
- *Vorbereitungszeit: 10 Minuten*
- *Garzeit: 25–35 Minuten*

200 g	Tomaten, entkernt und gehackt
60 g	Zwiebel, fein gehackt
60 g	Sultaninen
200 g	brauner Zucker (heller Muscovado)
250 ml	Sherryessig
1 EL	Meersalz
½ TL	Zimtpulver
½ TL	Ingwerpulver
½ TL	Cayennepfeffer
1	große Prise Safran
1 kg	reife Pfirsiche

Ich liebe es, Lebensmittel in Form von Chutney oder *compota*, wie es hier in Spanien genannt wird, zu konservieren. Man empfindet eine wirklich tiefe kreative Befriedigung angesichts der in Reih und Glied aufgestellten glänzenden Gläser und der darin eingemachten Köstlichkeiten, die das Jahr über alle möglichen Gerichte geschmacklich verfeinern. Auf diese Weise gelingt es uns auch wunderbar, keines der herrlich frischen, saisonalen Produkte aus unserem Betrieb zu verschwenden. Romantiker, der ich bin, möchte ich damit auch zugegebenermaßen die großartige Tradition des Einmachens am Leben erhalten. Eines meiner liebsten *compotas* ist dieses leicht scharfe Pfirsich-Safran-Chutney, das perfekt zu Pasteten, Entenconfit, Wurst und natürlich zu allen möglichen Käsesorten passt.

Sämtliche Zutaten mit Ausnahme der Pfirsiche in einem schweren Topf bei niedriger Hitze unter ständigem Rühren 15–20 Minuten garen, bis sie langsam zerfallen.

In der Zwischenzeit die Pfirsiche in kochendem Wasser 15 Sekunden blanchieren und dann in einer Schüssel mit eiskaltem Wasser abschrecken. Die Pfirsichhäute abziehen und das Fruchtfleisch in große Stücke schneiden.

Die Pfirsichstücke in den Topf zum Chutney geben und weitere 10–15 Minuten garen, bis sie zu zerfallen beginnen und das Chutney sirupartig eingedickt ist.

Das Chutney noch heiß in sterilisierte Gläser füllen, die Gläser fest verschließen und das Chutney bis zu 2 Monate im Kühlschrank aufbewahren.

Salat vom Ibérico-Schinken

mit gegrillten Pfirsichen, Haselnüssen und Ziegenkäsedressing

[Ensalada de jamón ibérico con melocotones a la parilla y crema de queso de cabra]

- *Für 4 Portionen*
- *Vorbereitungszeit: 10 Minuten*
- *Garzeit: 4 Minuten*

Für das Dressing:

100 g	weicher Ziegenkäse
1 TL	Sherryessig
4 EL	Sahne
5 EL	Olivenöl
1 TL	Dijonsenf
+	Meersalz und frisch gemahlener schwarzer Pfeffer

Für den Salat:

30 g	Haselnusskerne, geschält
3	reife Pfirsiche, entsteint und in große Spalten geschnitten
+	Olivenöl (zum Bestreichen)
12	Scheiben hochwertiger Ibérico-Schinken
150 g	gemischter Blattsalat (Rucola, Feldsalat, Brunnenkresse etc.)
200 g	Ziegenkäse, zerbröckelt (zum Servieren)

Den Ofen auf 200 °C vorheizen.

Für das Dressing alle Zutaten in einer Küchenmaschine leicht pürieren.

Für den Salat die Haselnusskerne auf einem Backblech im heißen Ofen 2 Minuten leicht anrösten, bis sie goldbraun sind. Dabei darauf achten, dass sie nicht anbrennen, sie bräunen sehr schnell.

Die Pfirsiche mit etwas Olivenöl bestreichen. Eine schwere Grillpfanne erhitzen und Pfirsiche für 30 Sekunden auf jeder Seite grillen beziehungsweise bis sie Grillstreifen aufweisen. Sie sollten warm, aber noch fest sein. Die Pfirsiche vom Grill nehmen und beiseitestellen.

Die Ibérico-Schinkenscheiben auf Tellern anrichten, mit gegrillten Pfirsichen und Salatblättern belegen, mit gerösteten Haselnusskernen und etwas zerbröckeltem Ziegenkäse bestreuen, mit Ziegenkäsedressing beträufeln und servieren.

Bulgur-Pfirsich-Salat

mit Feta, Granatapfel und Za'atar

[Ensalada de bulgur, melocotones con queso feta, granada y za'atar]

- *Für 4 Portionen*
- *Garzeit: 15–18 Minuten*
- *Vorbereitungszeit: 15 Minuten, plus mind. 1 Stunde zum Abkühlen*

Für das hausgemachte Za'atar:

2 EL	Kreuzkümmelsamen
2 EL	Sesamsamen
2 EL	fein gehackte Ysopblätter (oder frischer Thymian oder Oregano)
2 EL	gemahlener Gewürzsumach
2 TL	Meersalz
1 TL	frisch gemahlener schwarzer Pfeffer

Für den Salat:

150 g	feiner Bulgurweizen oder Gerstencouscous
500 ml	Wasser
12	Kirschtomaten, halbiert
2 EL	natives Olivenöl extra
2	Frühlingszwiebeln, in feine Ringe geschnitten
1 EL	gehackte eingelegte Zitrone (siehe Seite 88)
2 EL	Zitronensaft
½ TL	Cayennepfeffer
1 TL	Meersalz
3 EL	gehackte Korianderblätter
3 EL	gehackte Minzeblätter
150 g	Feta-Käse, zerbröckelt
100 g	Granatapfelkerne
2	reife Pfirsiche, entsteint und geviertelt
½ TL	Za'atar (Fertigmischung oder siehe Rezept oben)

Za'atar ist eine unglaublich vielseitige Gewürzmischung aus dem Nahen Osten. Für den Fall, dass Sie keine fertige Mischung bekommen können, stelle ich Ihnen ein Rezept zum Selbstmachen vor.

Für das Za'atar die Kreuzkümmelsamen in einer trockenen Pfanne leicht anrösten, bis sie anfangen zu duften und ihre ätherischen Öle zu verströmen. In einem Mörser zu feinem Pulver zerstoßen und mit allen anderen Zutaten vermischen. Die Mischung in einem luftdichten Behälter bis zu 1 Monat aufbewahren.

Für den Salat Bulgur oder Couscous in einem mittelgroßen Topf mit dem Wasser zum Kochen bringen, dann die Hitze reduzieren und 12–15 Minuten ziehen lassen beziehungsweise bis Bulgur oder Couscous weich ist. Gut abgießen und im Kühlschrank mindestens 1 Stunde kalt stellen.

In einer großen Schüssel Kirschtomaten, Olivenöl, Frühlingszwiebeln, Zitronen, Zitronensaft, Cayennepfeffer und Salz mit dem abgekühlten Bulgur oder Couscous gut vermischen. Gehackte Koriander- und Minzeblätter untermischen, mit zerbröckeltem Feta, Granatapfelkernen und Pfirsichen belegen, dann mit Za'atar bestreuen und sofort servieren.

Pfirsichsangria

mit Himbeere

- Für 4 Portionen
- Zubereitungszeit: 5 Minuten

[Zurra de melocotón y frambuesa]

Sangria ist wohl der ultimative sommerliche Durstlöscher. Diese Rotweinbowle ist eine Art Nationalheiligtum, allerdings sind keine zwei Sangrias gleich und wahrscheinlich hat jeder Spanier sein eigenes Rezept mit ganz speziellen Zutaten. In die klassischen Varianten gehören Rotwein, Brandy, frisches Obst und Eiswürfel. Aus dem Cava-Gebiet in Katalonien stammt eine wunderbar erfrischende, prickelnde Version namens *Zurra*, der frische Pfirsiche Aroma verleihen.

2	Pfirsiche, entsteint und klein geschnitten
100 g	Himbeeren
+	Saft von 1 Zitrone
½ TL	Zimtpulver
50 ml	Apricot Brandy
200 ml	Cava oder Schaumwein
+	zerstoßenes Eis (zum Servieren)

Pfirsiche, Himbeeren, Zitronensaft, Zimtpulver und Brandy zusammen in einem Standmixer oder einer Küchenmaschine pürieren. Das Püree auf 4 hohe Gläser verteilen und zerstoßenes Eis dazugeben. Mit gekühltem Cava oder Schaumwein auffüllen und sofort servieren.

Gebratene Pfirsiche

mit Lavendelkaramell und Crème fraîche

[Melocotones asadas con caramelo de lavanda y crème fraîche]

- *Für 4 Portionen*
- *Vorbereitungszeit: 5 Minuten*
- *Garzeit: 20 Minuten*

1 EL	ungesalzene Butter
4	große reife Pfirsiche, halbiert und entsteint
75 ml	klarer Honig
+	Lavendelblüten von 2–3 frischen Zweigen
+	abgeriebene Schale von 1 Bio-Zitrone
4	große Löffel Crème fraîche (zum Servieren)

Den Ofen auf 200 °C vorheizen und eine feuerfeste Auflaufform mit etwas Butter einfetten.

Die Pfirsiche mit der Schnittseite nach oben in der Auflaufform anordnen, mit Honig beträufeln und mit Lavendelblüten und Zitronenschale bestreuen. Die Pfirsiche im Ofen 15 Minuten braten, dann herausnehmen und das Lavendelkaramell aus der Auflaufform wieder über die Pfirsiche löffeln. Die Pfirsiche weitere 5 Minuten braten beziehungsweise bis sie weich und golden sind.

Die Pfirsiche mit Crème fraîche garnieren, mit dem restlichen Lavendelkaramell bestreuen und sofort servieren.

Paprikaschoten

[Pimientos]

Sonnengereiftes Gemüse nimmt einen sehr wichtigen Platz in der mediterranen Küche ein und für mich sind die frischen, glänzenden Paprikaschoten mit ihrem süßen Geschmack, ihrer knackigen Konsistenz und ihrer umwerfenden Farbenvielfalt einfach das Beste. Paprikaschoten beginnen ihr Leben grün und während sie am Stiel reifen, werden sie weicher, verfärben sich mit der Zeit rot und schmecken immer milder und süßer. Wenn man sie im Ofen mit etwas Olivenöl und ein paar zerdrückten Knoblauchzehen röstet, entwickeln sie eine wunderbare pikante Süße. Der Duft von garenden Paprikaschoten gehört auf jeden Fall zu meinen Lieblingsküchenaromen.

Paprikaschoten sind eine Hauptzutat in sehr vielen traditionellen Rezepten des gesamten Mittelmeerraums, besonders hier in Spanien, wo man praktisch süchtig nach ihnen zu sein scheint. Eines der beliebtesten hiesigen Gerichte, das in den lokalen Tapas-Bars serviert wird, sind einfache, mit etwas Meersalz bestreute gebratene grüne Paprikaschoten, die *pimientos de padrón*.

Die *pimientos de padrón* heißen nach einem winzigen Dorf in Galizien. Sie zu essen, gleicht einem kulinarischen russischen Roulette, denn gelegentlich beißt man in eine unglaublich scharfe, feurige Schote, die einem die Tränen in die Augen treibt.

Im Hochsommer können Mallorcas Besucher beobachten, wie überall leuchtend rote kleine Paprikaschoten geerntet werden – die *pebre bord*. Aus ihnen wird *tap de cortí* zubereitet, eine Art lokales Paprikapulver. Diese Paprikasorte ist auf Mallorca heimisch und war fast ganz verschwunden, heute wird sie jedoch auf der ganzen Insel wieder in steigender Zahl angebaut. Früher wurden die roten Schoten an Schnüren, den sogenannten *enfilalls*, aufgehängt, um in der Sonne zu trocknen. So weit das Auge reichte, bedeckten in großen Teilen der Insel die roten Schotenketten die weißen Hausmauern und schaukelten sanft im Nachmittagswind. Traditionell wird *tap de cortí* in einem aufwendigen Verfahren hergestellt. Die Paprikaschoten werden drei bis vier Wochen lang in der Sonne getrocknet, so behalten sie ihre natürlichen Antioxidantien und damit ihre Fähigkeit, Lebensmittel zu konservieren. Danach werden sie sechsmal in einer Steinmühle gemahlen und dazwischen 24 Stunden lang zum Abkühlen gelagert. Anschließend wird das Paprikapulver gesiebt und kann verpackt werden. Vor kurzem hat Mallorcas rote Paprika offizielle Anerkennung erfahren und wurde in das nationale Register für geschützte Handelswaren eingetragen. Nachdem er so viele Jahre verschwunden war, erfreut sich dieser vergessene Schatz heute größerer Beliebtheit als je zuvor und wird von handwerklich arbeitenden Produzenten langsam wieder verstärkt ins Spiel gebracht.

Harissa

hausgemacht

[Harissa casera]

- *Ergibt 1 Glas à 350 ml*
- *Vorbereitungszeit: 10 Minuten*
- *Garzeit: 1 Minute*

2 TL	Koriandersamen
2 TL	Fenchelsamen
2 TL	Kreuzkümmelsamen
1	kleine rote Paprikaschote, entkernt und gehackt
6	große rote Chilischoten, entkernt und gehackt
1	rote Zwiebel, gehackt
4	Knoblauchzehen, zerdrückt
1 EL	Tomatenmark
100 ml	Olivenöl plus bei Bedarf ein wenig zum Aufbewahren
1 Prise	Meersalz

Ob Eintöpfe, Marinaden oder Saucen – diese feurig-scharfe rote Sauce aus Nordafrika verleiht allem den gewissen Kick. Man kann Harissa zwar in Gläsern und Tuben kaufen, aber am besten schmeckt sie hausgemacht und noch dazu ist sie so einfach zuzubereiten.

Die Gewürze in einer heißen, trockenen Pfanne 1 Minute rösten, bis sie zu duften beginnen. Mit Paprika, Chili, Zwiebel, Knoblauch, Tomatenmark und Olivenöl in der Küchenmaschine zu einer glatten Paste verarbeiten und mit etwas Salz abschmecken.

Wenn Sie die Harissa nicht sofort verwenden, können Sie sie mit einer Schicht Olivenöl bedeckt bis zu 1 Woche im Kühlschrank aufbewahren.

Rotes Paprika-Coulis

[Salsa de pimientos rojos]

- *Für 8–10 Portionen*
- *Vorbereitungszeit: 10 Minuten*
- *Garzeit: 27–33 Minuten*

2 EL	Olivenöl
1	mittelgroße Zwiebel, gehackt
4	rote Paprikaschoten, entkernt und gehackt
2	reife Tomaten, gehackt
2	Knoblauchzehen, zerdrückt
1	Zweig Thymian
2	Lorbeerblätter
300 ml	Hühnerbrühe (Bouillon)
+	Meersalz und frisch gemahlener schwarzer Pfeffer

Diese Sauce passt hervorragend zu den *Pimientos del piquillo gefüllt mit Klippfisch-Brandade* (siehe Seite 164), aber auch zu gegrilltem Fisch, Pasta und Gemüsegerichten. Sie können statt Hühnerbrühe auch nach Belieben Gemüsebrühe oder Wasser nehmen. Die Sauce kann 2–3 Tage im Kühlschrank aufbewahrt werden.

Das Olivenöl in einem schweren Topf bei niedriger bis mittlerer Hitze erhitzen. Die Zwiebel dazugeben und 2–3 Minuten anschwitzen. Paprika, Tomaten, Knoblauch und Thymian dazugeben, den Deckel auflegen und alles 5 Minuten garen.

Den Deckel wieder abheben, Lorbeerblätter und Hühnerbrühe dazugeben und alles weitere 20–25 Minuten köcheln, bis die Paprikaschoten weich sind.

Thymianzweig und Lorbeerblätter wieder entfernen und wegwerfen. Die Mischung in einer Küchenmaschine glatt rühren, dann durch ein feines Sieb passieren und mit Salz und Pfeffer abschmecken.

Mallorquinischer Gemüseauflauf

- Für 6 Portionen
- Vorbereitungszeit: 15 Minuten
- Garzeit: 20–29 Minuten

[Tumbet]

Dieses klassische Gemüsegericht aus Mallorca besteht aus aufeinandergeschichteten gebratenen Paprikaschoten, Auberginen und Kartoffeln sowie einer kräftigen Tomatensauce. Ich serviere es mit Vorliebe zu knusprigen gegrillten Lammkoteletts direkt vom Grill.

- 200 ml Olivenöl
- 8 Kartoffeln, geschält und in Scheiben geschnitten
- 6 Knoblauchzehen, zerdrückt
- 4 rote Paprikaschoten, entkernt und längs in Streifen geschnitten
- 2 grüne Paprikaschoten, entkernt und längs in Streifen geschnitten
- 6 Auberginen, in dicke Scheiben geschnitten
- 500 ml Perfekte Tomatensauce (siehe Seite 224)

Den Ofen auf 180 °C vorheizen.

Das Olivenöl in einem Topf bei mittlerer Hitze erhitzen, die Kartoffeln dazugeben und 3–4 Minuten goldgelb braten. 3 zerdrückte Knoblauchzehen hinzufügen und alles weitere 30–40 Sekunden garen. Die Kartoffeln aus dem Topf nehmen und auf dem Boden einer großen Tonform auslegen.

In der Zwischenzeit rote und grüne Paprikaschoten in den heißen Topf geben und 3–4 Minuten braten, bis sie weich sind. Den restlichen Knoblauch dazugeben und alles weitere 30–40 Sekunden garen. Die Paprikaschoten über den Kartoffeln in die Ofenform schichten.

Jetzt die Auberginen im selben Öl auf jeder Seite 1–2 Minuten braten, dann auf die Paprikaschoten legen und mit der Tomatensauce begießen.

Den Tumbet im Backofen 10–15 Minuten backen, dann aus dem Ofen nehmen und warm servieren.

Rote Paprikatarte

mallorquinische Art

[Coca mallorquina]

- *Für 6–8 Portionen*
- *Vorbereitungszeit: 20 Minuten, plus 1 Stunde 30 Minuten zum Ruhen*
- *Garzeit: 40–50 Minuten*

Für den Teig:

20 g	frische Hefe (oder 10-g-Tütchen aktive Trockenhefe)
150 ml	lauwarmes Wasser
300 g	Weizenmehl (Type 550) plus ein wenig zum Bestäuben
1 Prise	Paprikapulver
1 TL	Meersalz
100 ml	Olivenöl

Für den Belag:

3	rote Paprikaschoten
2 EL	Olivenöl
1	mittelgroße Zwiebel, gewürfelt
3	Knoblauchzehen, in dünne Scheiben geschnitten
4	Sardellenfilets, grob zerkleinert
10	Kirschtomaten, geviertelt
+	Meersalz und frisch gemahlener schwarzer Pfeffer

Mallorcas beliebtestes Fingerfood ist *coca*. Mit diesem Begriff wird eine breite Palette von süßen und pikanten Kuchen und Broten bezeichnet, die in ganz Katalonien, Aragón, Valencia und auf den Balearen zubereitet und gegessen werden, am liebsten mag ich die salzigen und herzhaften Sorten. Pikante *cocas* gibt es im gesamten Mittelmeerraum, von italienischen Pizzen und Focaccias über die französische *pissaladière* der Provence bis hin zu den köstlichen Fladenbroten des Nahen Ostens. Meine Lieblings-*coca* ist diese mit gebratenen Paprikaschoten, Tomaten, Zwiebeln und leicht gesalzenen Sardellen belegte Tarte. Sie ist die perfekte Vorspeise für heiße, sonnige Tage.

Für den Teig die Hefe im lauwarmen Wasser auflösen. Mehl, Paprikapulver und Salz in eine Rührschüssel sieben und in die Mitte eine Mulde drücken. Nach und nach die Hefemischung und das Olivenöl hineingeben, dabei ständig mischen, bis ein homogener Teig entsteht. Den Teig weitere 4–5 Minuten auf der Arbeitsfläche glatt und elastisch kneten, dann zu einer Kugel formen, in die Schüssel zurücklegen, mit einem sauberen Küchentuch abdecken und etwa 1 ½ Stunden an einem warmen Ort gehen lassen, bis sich sein Volumen verdoppelt hat.

In der Zwischenzeit den Ofen auf 200 °C vorheizen. Die Paprikaschoten auf einem Backblech im Ofen 15–20 Minuten rösten, bis sich die Haut schwarz verfärbt und Blasen wirft. Die Schoten in einer Schüssel mit Frischhaltefolie abdecken. Wenn sie leicht abgekühlt sind, die Haut abziehen, die Kerne entfernen und das Fruchtfleisch in dicke Streifen schneiden.

Die Ofentemperatur auf 180 °C reduzieren. Das Olivenöl in einem Topf bei niedriger Hitze erhitzen, Zwiebel und Knoblauch dazugeben und unter ständigem Rühren 3-4 Minuten garen. Sardellen und Kirschtomaten hinzufügen und Topf vom Herd nehmen. Die Paprikastreifen dazugeben und die Mischung mit Salz und Pfeffer abschmecken.

Den Teig auf einer leicht bemehlten Arbeitsfläche noch einmal kräftig durchkneten und zu einem etwa 1 Zentimeter dicken Rechteck ausrollen, dann auf ein Backblech legen und den Paprikabelag gleichmäßig darauf verteilen. Die Tarte 20–25 Minuten backen, bis die Kanten und der Boden goldbraun sind. Die Tarte vor dem Anschneiden etwas abkühlen lassen und noch leicht warm oder bei Zimmertemperatur servieren.

Escalivada mit Ziegenkäse

und Sardellen

[Escalivada con anchoas y queso de cabra]

- *Für 4 Portionen*
- *Vorbereitungszeit: 15 Minuten*
- *Garzeit: 35–40 Minuten*

2	rote Zwiebeln, ungeschält
150 ml	Olivenöl
+	Meersalz
2	große Auberginen
2	rote Paprikaschoten
2	gelbe Paprikaschoten
2 EL	Zitronensaft
2	Knoblauchzehen, zerdrückt
+	frisch gemahlener schwarzer Pfeffer
150 g	Ziegenkäserolle, in Scheiben geschnitten (zum Servieren)
4	gesalzene Sardellenfilets, klein geschnitten (zum Servieren)

Der Name *escalivada* dieser katalanischen Spezialität aus gerösteten Paprikaschoten mit Zwiebeln, Auberginen, Knoblauch und Olivenöl kommt von dem katalanischen Verb *escalivar*, „in Asche garen" – ein Hinweis auf die traditionelle Zubereitung von Gemüse über der glühenden Asche eines Holzfeuers.

Den Ofen auf 200 °C vorheizen.

Die ganzen, ungeschälten Zwiebeln in einen großen Bräter geben und mit ein wenig Olivenöl und etwas Salz einreiben, dann im Ofen 15 Minuten braten, dabei gelegentlich wenden.

Die Auberginen mit einer Gabel an mehreren Stellen einstechen und mit in den Bräter legen. Zwiebeln und Auberginen weitere 20–25 Minuten garen, bis das Gemüse weich, aber nicht matschig ist. Den Bräter aus dem Ofen nehmen und das Gemüse leicht abkühlen lassen.

In der Zwischenzeit die Paprikaschoten in einem separaten Bräter 20–25 Minuten unter gelegentlichem Wenden rösten, bis sich die Haut schwarz verfärbt und Blasen wirft. Die Paprikaschoten in einer Schüssel mit Frischhaltefolie abdecken und zum Abkühlen beiseitestellen.

Wenn das Gemüse ausreichend abgekühlt ist, dieses schälen. Die Paprikaschoten entkernen, dann mit Zwiebeln und Auberginen in dicke Streifen schneiden. Die Gemüsestreifen in einer großen Schüssel vermischen, restliches Olivenöl, Zitronensaft und Knoblauch dazugeben und mit Salz und Pfeffer würzen.

Zum Servieren das Gemüse auf eine Platte schichten und mit Ziegenkäsescheiben und klein geschnittenen Sardellen belegen. Nach Belieben bei Zimmertemperatur oder gekühlt servieren.

Pimientos del piquillo

gefüllt mit Klippfisch-Brandade

[Pimientos del piquillo rellenos de brandada de bacalao]

- *Für 4 Portionen*
- *Vorbereitungszeit: 25 Minuten, plus 10 Minuten zum Durchziehen*
- *Garzeit: 15 Minuten*

Für die Pimientos del piquillo:

+	Olivenöl (zum Einfetten)
20	Pimientos del piquillo, abgetropft, Deckel abgeschnitten
250 ml	rotes Paprika-Coulis (siehe Seite 158; ca. ½ Menge)

Für die Brandade:

1 kg	Klippfisch, entsalzt (siehe Seite 58)
500 ml	Milch
½	Zwiebel
2	Gewürznelken
2	Stängel glatte Petersilie
500 g	gestampfte Kartoffeln
150 ml	Olivenöl
3	Knoblauchzehen, zerdrückt
2 Prisen	geriebene Muskatnuss
1 TL	Cayennepfeffer
+	Saft von 1 Zitrone
+	Meersalz und frisch gemahlener schwarzer Pfeffer

Pimientos del piquillo sind rote Paprikaschoten, die über einem Holzfeuer geröstet werden. Sie haben eine würzige Süße, einen intensiven Geschmack und einen leichten typischen Nachgeschmack. Piquillo-Paprikaschoten werden häufig langsam in etwas Olivenöl und Knoblauch gedünstet, dann mit *Flor de Sal* bestreut und zu gegrilltem Fleisch und Fisch serviert. Mit ihrer dreieckigen Form und der leicht geschwungenen Spitze sind sie zudem perfekt zum Füllen. In Gläsern eingemacht, sind sie in den meisten Supermärkten erhältlich.

Den Ofen auf 180 °C vorheizen. Für die Pimientos eine Auflaufform leicht mit Olivenöl einfetten.

Für die Brandade den Klippfisch in einem Topf mit der Milch bedecken. Die Zwiebel mit den Gewürznelken spicken, mit den Petersilienstängeln zum Fisch in den Topf geben und das Ganze langsam zum Kochen bringen. Den Topf vom Herd nehmen und alles 10 Minuten ziehen lassen.

Den Klippfisch aus der Milch nehmen und zusammen mit den gestampften Kartoffeln in eine Schüssel geben. Olivenöl, Knoblauch, Muskatnuss, Cayennepfeffer, Zitronensaft und 2–3 Esslöffel der Milch hinzufügen und alles gründlich zu einem leichten Püree verarbeiten. Mit Salz und Pfeffer abschmecken.

Die Pimientosschoten vorsichtig mit der Brandade füllen und in die Auflaufform setzen. Mit Paprika-Coulis begießen, mit einem Deckel oder Alufolie abdecken und im Ofen 10 Minuten beziehungsweise kochend heiß backen. Sofort servieren.

Petersfisch

mit geschmorten Paprikaschoten

- Für 4 Portionen
- Vorbereitungszeit: 20 Minuten
- Garzeit: 20 Minuten

[Gallo san pedro con piperada]

Den größten Teil des Olivenöls – etwa 1 Esslöffel aufbewahren – in einem schweren Topf bei niedriger bis mittlerer Hitze erhitzen. Zwiebel und Paprika dazugeben und anschwitzen, bis sie weich sind. Tomaten, Knoblauch, Paprikapulver, Tomatenmark, Sherry und Fischbrühe dazugeben, den Deckel auflegen und alles etwa 15 Minuten langsam garen, bis die Sauce bindet und das Gemüse gar ist. Mit Salz und Pfeffer abschmecken.

Das restliche Olivenöl in einer Pfanne bei mittlerer Hitze erhitzen, die Petersfischfilets mit der Haut nach unten hineinlegen und 2 Minuten goldbraun braten. Die Filets vorsichtig wenden und weitere 30 Sekunden garen, dabei darauf achten, dass sie nicht übergaren.

Die Filets zur Mischung mit den geschmorten Paprikaschoten geben, mit gehackter Petersilie bestreuen und sofort servieren.

100 ml	Olivenöl
1	mittelgroße Zwiebel, in Streifen geschnitten
1	grüne Paprikaschote, entkernt und in Streifen geschnitten
1	rote Paprikaschote, entkernt und in Streifen geschnitten
1	gelbe Paprikaschote, entkernt und in Streifen geschnitten
4	Tomaten, gehackt
1	Knoblauchzehe, zerdrückt
1 TL	Paprikapulver
2 EL	Tomatenmark
150 ml	trockener Sherry
200 ml	Fischbrühe (Bouillon)
+	Meersalz und frisch gemahlener schwarzer Pfeffer
4	Petersfischfilets à 200 g
2 EL	gehackte glatte Petersilie

Seehecht

in Zitronen-Koriander-Kruste mit roter Paprika-Aioli

[Merluza en costra de limón y cilantro con alioli de pimientos rojos]

- Für 4 Portionen
- Vorbereitungszeit: 20 Minuten
- Garzeit: 30–35 Minuten

Für den Fisch:

+	Olivenöl (zum Einfetten)
4	Seehechtfilets à 175 g, gehäutet
+	grüner Salat (zum Servieren)

Für die Kruste:

80 g	frische Semmelbrösel
40 g	Gruyère, gerieben
30 g	frische Korianderblätter
60 g	ungesalzene Butter
+	abgeriebene Schale von 1 Bio-Zitrone
+	Saft von 1 Zitrone

Für die Aioli:

1	rote Paprikaschote
4	Eigelb
1 EL	Weißweinessig
2	Knoblauchzehen, zerdrückt
1 TL	scharfer Senf
400 ml	Olivenöl
+	Meersalz und frisch gemahlener schwarzer Pfeffer

Den Ofen auf 200 °C vorheizen und für den Fisch 2 Backbleche leicht einfetten.

Alle Zutaten für die Kruste in einer Küchenmaschine zu einem Püree verarbeiten. Das Püree beiseitestellen.

Für die Aioli die rote Paprikaschote auf einem Backblech im Ofen 15–20 Minuten braten, bis sich die Haut schwarz verfärbt und Blasen wirft. Die Schote in einer Schüssel mit Frischhaltefolie abdecken. Wenn sie leicht abgekühlt ist, die Haut abziehen, die Schote halbieren und die Kerne entfernen.

Geröstete Paprika, Eigelbe, Essig, Knoblauch, Senf und etwas Salz und Pfeffer in einer Küchenmaschine zum Mischen ein- oder zweimal pulsieren. Bei laufendem Motor das Olivenöl langsam und gleichmäßig in einem dünnen Strahl einfließen lassen. Nach 1–2 Minuten emulgiert die Mischung zu einer dicken, kräftigen Sauce.

Die Seehechtfilets jeweils mit einem Löffel Krustenmasse bedecken, auf ein Backblech legen und 15 Minuten backen.

Den Fisch zusammen mit der roten Paprika-Aioli und einem grünen Salat sofort servieren.

Rote Garnelen

[Gambas rojas]

Wann immer ich über den Markt, genauer gesagt den „Mercat de l'Olivar" in Palma laufe, läuft mir beim Anblick der herrlich frischen, vor Ort gefangenen Roten Garnelen (Riesengarnelen) aus Sóller das Wasser im Mund zusammen. Ich kann mir keinen feineren Gaumenkitzel vorstellen als dieses saftige, feste Garnelenfleisch, das beim Hineinbeißen eine intensive, wilde Geschmacksexplosion zündet.

Am besten bereitet man Rote Garnelen auf die einfachste Art als *Gambas „a la sal"* (siehe Seite 170). Dazu bestreut man eine sehr heiße, flache Grillplatte mit ein wenig Meersalz, legt die ganzen Garnelen darauf, lässt sie etwa 20 Sekunden braten und beträufelt sie dann mit etwas Olivenöl. Anschließend lässt man sie noch weitere 20 Sekunden braten, bevor man sie mit gehackter Petersilie und zerdrücktem Knoblauch bestreut. Danach dreht man sie um, beträufelt sie mit etwas mehr Olivenöl und lässt sie noch 1 letzte Minute braten. Dafür wird man mit einem fantastischen Aroma und einem der besten Geschmackserlebnisse der Welt belohnt.

Eine Mahlzeit mit *gambas de Sóller* ist nichts für empfindsame Gemüter: Man muss sie fest in die Finger nehmen, auslutschen und dann ihr Fleisch aus dem festen roten Panzer pulen. Einige Leute lassen die Köpfe aus – das sollte, offen gesagt, verboten werden, denn der Saft im Kopf ist am leckersten und einfach orgasmisch gut ... Man muss die GANZE Garnele essen, schließlich sind diese Tiere auch teuer und nichts sollte verschwendet werden.

Wenn man *gambas de Sóller* einkauft, ist es am wichtigsten, auf ihre Frische zu achten. Sie erkennt man am Panzer, der glänzend, sich fest anfühlen, leuchtend rot und elastisch sein sollte. Wenn die Garnelen auf Eis gelagert werden, verfärbt sich ihr Kopf schnell schwarz und ihr kulinarischer Wert geht verloren. Deshalb isst man sie am besten fangfrisch aus dem Meer. Und wer es einfach nicht über sich bringt, die Köpfe zu essen, sollte sie dennoch aufbewahren, da sie eine wunderbare Sauce ergeben, die dem bescheidensten Fischgericht einen einzigartigen Geschmack verleiht.

Die meisten Tapas-Bars servieren ein Gericht namens *Gambas con gabardina* (siehe Seite 171), was so viel bedeutet wie „Garnelen im Mantel". Hierfür werden die Garnelen bis auf die Schwanzspitze geschält, in Teig getaucht und in heißem Öl knusprig frittiert.

Eine weitere einfache, köstliche Tapa sind *Gambas al ajillo* (siehe Seite 172), die in wenigen Minuten mit Knoblauch, Garnelen, Olivenöl und Chili zubereitet werden können. Normalerweise schwimmen die Gambas in Olivenöl, man braucht dazu also unbedingt knuspriges Brot, um die Sauce aufzutunken.

Ganze Garnelen

auf Salz gebraten

[Gambas „a la sal"]

- *Für 2 Portionen*
- *Vorbereitungszeit: 2 Minuten*
- *Garzeit: 5 Minuten*

+	Meersalzflocken
10	große Rote Garnelen (Riesengarnelen), roh, mit Kopf und ungeschält
2 EL	Olivenöl
+	gehackte glatte Petersilie (zum Bestreuen; nach Belieben)
+	gehackter Knoblauch (zum Bestreuen; nach Belieben)

Eingefleischte Puristen essen dieses Gericht stets ohne Beilagen oder alberne Garnituren.

Die Salzflocken gleichmäßig in eine schwere oder gusseiserne Pfanne streuen und bei starker Hitze erhitzen. Die ganzen Garnelen nebeneinander auf das Salz legen und 2 Minuten ungestört braten. Die Garnelen vorsichtig wenden, auf der anderen Seite 1 weitere Minute braten und dann mit etwas Olivenöl beträufeln. Nach Belieben mit Petersilie und Knoblauch bestreuen.

Zum Essen die Garnelenköpfe vorsichtig abbrechen und den Saft heraussaugen. Dann den Panzer an den Körpern auslutschen und schließlich die Schwänze schälen und genießen.

Knusprig frittierte Garnelen

mit Aioli

- Für 4–6 Portionen
- Vorbereitungszeit: 10 Minuten, plus 20 Minuten zum Ruhen
- Garzeit: unter 10 Minuten

[Gambas con gabardina]

2	große Eier
250 g	Weizenmehl
1 TL	Backpulver
1 Prise	Salz
1 Prise	Paprikapulver
250 ml	Bier
+	Pflanzenöl (zum Frittieren)
30	große Rote Garnelen (Riesengarnelen), roh, ohne Kopf, bis auf die Schwanzspitze geschält und entdarmt
+	Aioli (siehe Seite 55; zum Servieren)

Eier, Mehl, Backpulver, Salz und Paprikapulver in einer großen Schüssel verschlagen. Das Bier unterziehen, die Schüssel mit Frischhaltefolie abdecken und den Teig an einem warmen Ort 20 Minuten ruhen lassen.

Genug Öl zum Frittieren in einem tiefen, schweren Topf auf 190 °C erhitzen beziehungsweise bis ein Brotwürfel in 30 Sekunden bräunt. Jede Garnele in den Teig tauchen, am ungeschälten Schwanzende festhalten, vorsichtig in das Öl geben und etwa 1 Minute goldbraun frittieren. Nicht zu viele Garnelen auf einmal frittieren, sondern in Portionen von höchstens 5 Garnelen arbeiten.

Die goldbraunen Garnelen mit einem Schaumlöffel aus dem Öl heben und auf Küchenpapier abtropfen lassen.

Die frittierten Garnelen heiß mit etwas Aioli zum Dippen servieren.

Garnelen in Olivenöl

mit Knoblauch und Chili

[Gambas al ajillo]

- *Für 4–6 Portionen*
- *Vorbereitungszeit: 10 Minuten*
- *Garzeit: 2 Minuten*

100 ml	natives Olivenöl extra
3	große Knoblauchzehen, in dünne Scheiben geschnitten
1	rote Chilischote, fein gehackt
350 g	Rote Garnelen (Riesengarnelen), roh, geschält und entdarmt
2 EL	gehackte glatte Petersilie
+	Saft von ½ Zitrone
+	Krustenbrot (zum Servieren)

Das Öl in einer kleinen Pfanne bei starker Hitze erhitzen. Knoblauch und Chilischote hinzufügen und im heißen Öl einige Sekunden leicht braten, bis sich der Knoblauch leicht verfärbt. Die Garnelen hinzufügen und unter gelegentlichem Wenden etwa 30 Sekunden garen, bis sie außen goldfarben und innen noch saftig sind.

Die Garnelen vom Herd nehmen, mit Petersilie bestreuen und mit Zitronensaft beträufeln, dann noch heiß und brutzelnd mit knusprigem Brot servieren.

Cremiger Bomba-Reis

mit Safran, Meerfenchel und Gambas de Sóller

[Arroz cremoso de azafrán, hinojo marino y gambas de Sóller]

- *Für 4 Portionen*
- *Garzeit: 22 Minuten*
- *Vorbereitungszeit: 20 Minuten, plus 30–40 Minuten zum Marinieren*

Für den marinierten Fenchel:

¼	Fenchelknolle, in feine Scheiben geschnitten
+	Saft von 1 Zitrone
2 EL	natives Olivenöl extra
+	Meersalz

Für den Reis:

2 EL	Olivenöl
2	Schalotten, fein gehackt
1	Knoblauchzehe, zerdrückt
300 g	Bomba-Reis
½ TL	Safran
30 g	frischer Meerfenchel, fein gehackt, plus ein paar Blätter zum Garnieren
1 l	Fisch- oder Meeresfrüchtebrühe (Bouillon; wenn möglich mit den Garnelenköpfen gekocht)
250 g	Rote Garnelen (Riesengarnelen), geschält
1 EL	Crème fraîche
100 g	Mahón oder Cheddar, fein gerieben
+	Meersalz und frisch gemahlener schwarzer Pfeffer
50 g	ungesalzene Butter
1 EL	feine Schnittlauchröllchen

Wilder Meerfenchel, den die Einheimischen hier *fonoll marí* nennen, wächst an der ganzen Küste rund um die Insel. In der Regel wird er in Essig eingelegt und traditionell als Garnierung zu klassischem *pa amb oli* (Brot mit Tomaten) serviert. Er hat ähnliche Geschmackseigenschaften wie der Fenchel, insbesondere einen leichten Anisgeschmack und einen krautigen Duft.

Für den marinierten Fenchel die Fenchelscheiben in einer Schüssel mit Zitronensaft und Olivenöl beträufeln. Mit Meersalz würzen, dann alles vorsichtig vermengen und 30–40 Minuten marinieren.

Für den Reis 1 Esslöffel Olivenöl in einem Topf bei mittlerer Hitze erhitzen. Schalotten und Knoblauch dazugeben und sanft anschwitzen, bis die Schalotten zu zerfallen beginnen.

Reis, Safran und Meerfenchel unterrühren, dann so viel heiße Fischbrühe angießen, bis der Reis gerade bedeckt ist. Den Reis garen, bis er die Flüssigkeit aufgenommen hat, dabei mit einem Holzlöffel umrühren. Unter ständigem Rühren immer weiter langsam so lange Brühe dazugießen, bis sie vom Reis ganz aufgenommen worden ist und der Reis weich ist – das dauert etwa 15 Minuten.

Die Roten Garnelen (Riesengarnelen) dazugeben und alles 1 weitere Minute kochen. Crème fraîche und geriebenen Käse unterheben, dann mit Salz und Pfeffer abschmecken. Der Reis sollte bissfest und sämig sein. Restliches Olivenöl, Butter und Schnittlauch unterrühren.

Den Reis mit dem marinierten Fenchel und ein paar frischen Meerfenchelblättern garnieren und servieren.

Grillgarnelenspieße

mit geräuchertem Paprikapulver und Mojo verde

[Pinchos de gambas rojas con pimentón ahumado y mojo verde]

- *Für 4 Portionen*
- *Vorbereitungszeit: 10 Minuten, plus 30 Minuten zum Marinieren*
- *Garzeit: unter 5 Minuten*

Für das Mojo verde:

4	Knoblauchzehen
1	kleine grüne Paprikaschote, entkernt
350 ml	Olivenöl
100 ml	Sherryessig
1 TL	Kreuzkümmelpulver
1 Bund	frisches Koriandergrün ohne Stängel
1 Prise	Meersalz

Für die Spieße:

5 EL	natives Olivenöl extra
1 ½ EL	Zitronensaft
½	Knoblauchzehe, fein zerdrückt
1 TL	geräuchertes Paprikapulver
+	Meersalz und frisch gemahlener schwarzer Pfeffer
450 g	Rote Garnelen (Riesengarnelen), roh, ohne Kopf, bis auf die Schwanzspitze geschält und entdarmt
+	Limettenspalten (zum Servieren)
+	Blattsalat (zum Servieren)

Zuerst wird das Mojo verde zubereitet. Alle Zutaten dafür in einer Küchenmaschine glatt pürieren. Das Püree in einem luftdichten Behälter aufbewahren und im Kühlschrank bis zur weiteren Verwendung kalt stellen.

Für die Spieße in einer anderen Schüssel 2 Esslöffel Olivenöl mit Zitronensaft und Knoblauch, geräuchertem Paprikapulver sowie etwas Salz und Pfeffer vermischen. Die Garnelen dazugeben und im Kühlschrank 30 Minuten marinieren.

Den Grill auf höchster Stufe aufheizen oder eine Grillpfanne stark erhitzen.

Die Garnelen auf kleine, gewässerte Spieße stecken und auf den Grill oder in die Grillpfanne legen. Mit der restlichen Marinade bestreichen und 2–3 Minuten grillen, bis sie rosa sind.

Die Garnelenspieße mit Mojo verde, Limettenspalten und Blattsalat servieren.

Reis

[Arroz]

Reis ist nicht nur eine der wichtigsten Kulturpflanzen der Welt, sondern auch das Symbol für Leben und Fruchtbarkeit. Bei spanischen Hochzeiten bewirft man damit das Brautpaar. Kulinarisch lässt er sich in drei Grundtypen aufteilen: Lang-, Mittel- und Rundkornreis. Langkornreis wird traditionell für herzhafte Gerichte und Rundkornreis für Desserts verwendet. Weil die Paella so enorm berühmt und beliebt ist, könnte man durchaus nachvollziehbar aber fälschlicherweise meinen, dass die Palette der spanischen Reisgerichte mit ihr beginnt und endet. Tatsächlich jedoch hat der Reis die spanische Küche ganz eindeutig geprägt – im ganzen Land gibt es wie im gesamten Mittelmeerraum viele interessante und abwechslungsreiche Gerichte mit Reis. Er wird zu Fleisch, Fisch, Meeresfrüchten und Gemüse serviert und häufig zum Binden von Eintöpfen und Suppen verwendet.

In Spanien wird Reis praktisch ausschließlich in Valencia produziert, wo er in der Region Albufera seit Anfang des 19. Jahrhunderts kultiviert wird. Von dort breitete sich sein Anbau an der Mittelmeerküste Richtung Norden bis zum Ebro-Delta und nach Süden bis Extremadura und Mallorca aus. Kilometerweit erstrecken sich die riesigen Felder, in denen der Paellareis im stehenden Wasser wächst.

Ein winziger Teil des absoluten spanischen Spitzenreises wird allerdings alljährlich in der benachbarten Region Murcia in der Gemeinde Calasparra produziert. Dort baut man zwei historische Sorten an: Calasparra und Bomba, eine heißbegehrte Sorte, die fast ausgestorben war, bis Gourmetköche vor nicht allzu langer Zeit ihre fantastischen Eigenschaften wiederentdeckten. Bomba-Reis wird von Hand in Reisfeldern an den Ufern des Río Segura in rund 340 Metern über dem Meeresspiegel angebaut. Im kalten, frisch fließenden Bergwasser reift der Reis langsamer als im stehenden Wasser in den Ebenen an der valencianischen Küste. Sein Korn ist härter, weniger feucht und kann ein Drittel mehr Brühe aufnehmen, ohne aufzuplatzen.

DER ROLLS ROYCE UNTER DEN REISSORTEN

Als Koch bin ich geradezu besessen auf der Suche nach besten Zutaten für meine Küche. Eine meiner aktuellen Zutatenobsessionen ist Acquerello-Reis – gereifter italienischer Carnaroli-Reis aus biologischem Anbau. Ja genau, gereift!

Acquerello wird im Fruchtwechsel angebaut und als einzige Sorte ausgesät, damit keine unbeabsichtigten Einkreuzungen passieren. Nach der Ernte lässt man die Acquerello-Carnaroli-Reiskörner ein bis drei Jahre reifen. Bei diesem Prozess kann der Reis „atmen", was seine Qualität und Eigenschaften optimiert.

Durch den Reifeprozess werden Stärke, Proteine und Vitamine weniger wasserlöslich, das verbessert die Konsistenz der Körner und sie können mehr Kochflüssigkeit aufnehmen. Durch das Kochen werden sie größer und fester, kleben nicht zusammen und schmecken noch besser. Jährlich werden 500 Tonnen Acquerello-Carnaroli-Reis produziert. Er ist zwar rund doppelt so teuer wie andere Risotto-Reissorten, doch absolut erste Wahl für Spitzenköche wie Heston Blumenthal, Thomas Keller und Alain Ducasse, für den er der „Rolls Royce unter den Reissorten" ist.

DIE KUNST DER PAELLA

Spaniens berühmtestes Gericht ist auch sein umstrittenstes. Die Meinungen gehen stark auseinander, was seine Herkunft betrifft, was eine authentische Paella ausmacht und welche Zutaten verwendet werden sollten.

Die klassische *Paella Valenciana* wurde, wie die meisten bäuerlichen Gerichte, aus dem kreiert, was gerade zur Hand war. Auf Valencias fetten, fruchtbaren Böden wächst auf den Feldern eine Fülle von Gemüse. Ihren Weg in den Kochtopf fanden auch Schnecken und Kaninchen, die dort vorbeischauten, um an den Blättern zu knabbern. Wenn man nun auch noch bedenkt, dass Albuferas Reisfelder in der Nähe liegen, hat man die bescheidenen Anfänge der Paella alle zusammen. Die ist übrigens nach der paellera, der breiten, runden Pfanne, in der sie traditionell serviert wird, benannt.

Vor ein paar Jahren hatte ich das Glück, einen Meisterkurs bei Rafael Vidal, dem König der Paella, zu absolvieren. Er bereitet seine Paella immer im Freien über einem Holzfeuer zu und stellt die *paellera* auf einem Dreibein über die Flammen. In seinem Restaurant am Stadtrand von Valencia kocht er riesige 50-Portionen-Paellas, sonntagmittags bedient er bis zu 500 Gäste. Er ist Traditionalist und hält sich strikt an die klassischen, bäuerlichen Grundlagen der Zubereitung. Für Rafael kommen weder Paprikaschoten noch schicke Meeresfrüchte infrage; sein Rezept besteht aus 30 Prozent Kaninchen und 70 Prozent Huhn, 10–15 Minuten in Olivenöl fast durchgegart und schön gebraten. Dann fügt er *garrofo* (eine Art große Saubohne), gehackte Tomaten, Safran, süßes Paprikapulver und Wasser hinzu. Das bringt er zum Kochen, gibt einen großen Zweig Rosmarin dazu und lässt alles 6–8 Minuten garen. Dann fischt Rafael den Rosmarin heraus, rührt seinen Reis mit einem Holzlöffel ein, um ihn gleichmäßig zu verteilen. Wenn der alte Knabe feststellt, dass der Reis fast gar ist, verteilt er das Feuer, um die Hitze zu reduzieren, und lässt die Paella langsam über der kaum schwelenden Glut fertig garen. Seit mehr als 40 Jahren bleibt Señor Vidal nun schon seinen Idealen treu und hat absolut nichts verändert. Nach den wenigen Stunden, die ich in seiner Gesellschaft verbrachte, war mir vollkommen klar, warum dieses einfache, rustikale Gericht in der spanischen Gastronomie so große Bedeutung und Verehrung erlangt hat.

DIE WISSENSCHAFT HINTER DEM PERFEKTEN RISOTTO

Aus irgendeinem seltsamen Grund hat Risotto den Ruf, schwierig und zeitaufwendig zu sein, obwohl das Gegenteil der Fall ist. Ein guter Risotto erfordert ein wenig Übung, aber im Grunde genommen ist er ein total einfaches Gericht und es macht immer Spaß, ihn zuzubereiten.

Bevor Sie diesen einfachen, italienischen Klassiker ausprobieren, lohnt es sich, nur ein wenig die wissenschaftlichen Grundlagen eines perfekten, seidig-sämigen Risottos kennenzulernen. Es gibt zwei Regeln: Es muss ständig mit einem Holzlöffel gerührt werden, die Flüssigkeit sollte heiß und geschmackvoll sein und langsam zugegeben werden, dann löst sich die Stärke leichter auf. Um einen köstlichen cremigen Risotto zu erhalten, muss man im Grunde genommen einfach aus jedem einzelnen Reiskorn so viel Stärke wie möglich extrahieren – und zu diesem Zweck ein wenig Reibung und Dampf im Kochtopf erzeugen. Gibt man zu viel Flüssigkeit auf einmal hinzu, treiben und schwimmen die Reiskörner nur in der Brühe umher. Sie müssen sich jedoch ständig berühren und gegeneinander reiben, damit sie all die wunderbare Stärke freisetzen, die in der Mitte jedes Korns verborgen ist. Risotti sind darüber hinaus auch sehr zeitkritisch und müssen sofort serviert werden, damit sie mit ihrer köstlichen cremigen Konsistenz begeistern.

Risotto mit Blütenpollen

und Kapern

[Arroz con polen y alcaparras]

- *Für 4 Portionen*
- *Vorbereitungszeit: 10 Minuten*
- *Garzeit: 20 Minuten*

1 EL	Olivenöl
2	Schalotten, fein gehackt
1	Knoblauchzehe, zerdrückt
1	Zweig Thymian
300 g	Risottoreis (vorzugsweise Acquerello)
1 l	heiße Gemüse- oder Hühnerbrühe (Bouillon)
50 g	ungesalzene Butter
1 EL	Mascarpone
100 g	Parmesan, frisch gerieben
1 EL	Blütenpollen
1 EL	Kapern, abgespült und abgetropft
+	Meersalz und frisch gemahlener schwarzer Pfeffer

Dieser ganz einfache Risotto kann durch die Zugabe von vielen verschiedenen Aromen variiert werden. Zu der Kombination von Kapern und Blütenpollen inspirierte mich ursprünglich Massimiliano Alajmo vom Restaurant „Le Calandre", der einen unglaublichen Risotto mit Kaffee und Kapern serviert. Ich liebe das Zusammenspiel der säuerlichen Kapern mit den blumigen Geschmacksnoten der Blütenpollen.

Das Olivenöl in einem schweren Topf bei niedriger bis mittlerer Hitze erhitzen. Schalotten, Knoblauch und Thymian dazugeben und sanft anschwitzen, bis die Schalotten zu zerfallen beginnen. Den Reis einühren und mit heißer Brühe bedecken, dann unter ständigem Rühren mit einem Holzlöffel kochen. Dabei die Brühe unter ständigem Rühren nach und nach so lange dazugießen, bis der Reis die gesamte Flüssigkeit aufgenommen hat und weich ist – das dauert etwa weitere 15 Minuten. Darauf achten, dass der Risotto bissfest und nicht zu pampig ist.

Butter, Mascarpone, geriebenen Parmesan, Blütenpollen und Kapern dazugeben, dann mit Salz und Pfeffer abschmecken. Der Risotto sollte locker und cremig sein. Sofort servieren.

Rustikaler „schmutziger Reis“

auf mallorquinische Art

[Arroz brut]

- *Für 6 Portionen*
- *Vorbereitungszeit: 20 Minuten*
- *Garzeit: 35 Minuten*

100 ml	Olivenöl
1	Zwiebel (vorzugsweise aus Spanien), gehackt
4	Knoblauchzehen, zerdrückt
3	Tomaten, geschält und gehackt
½ TL	Zimtpulver
1 Prise	geriebene Muskatnuss
1 TL	Paprikapulver
1	große Prise Safran
300 g	gemischte Wildpilze
500 g	Kaninchen, in Stücke zerteilt
3	Wachteln, halbiert
2,5 l	Hühnerbrühe (Bouillon)
200 g	Butifarrón (Blutwurst), in Scheiben geschnitten
300 g	Bomba- oder Rundkornreis
250 g	frische Erbsen
+	Meersalz und frisch gemahlener schwarzer Pfeffer
2 EL	gehackte glatte Petersilie

Die mallorquinische Küche ist sehr deftig und fest in der rustikalen, bäuerlichen Kost verwurzelt. Eines meiner Lieblingsrezepte ist *Arroz brut*. Der wörtlich übersetzt „schmutzige Reis“ ist eine köstliche Brühe, die in einem Tontopf mit Reis, Kaninchen- und Schweinefleisch, Gemüse und als Zugabe ein paar Schnecken gekocht wird. Der perfekte Winterwärmer!

Mein Rezept ist eine einfache Variante mit Kaninchen, Wachteln und *butifarrón* (eine mallorquinische Blutwurst), stattdessen kann man aber auch Hühner- oder Schweinefleisch verwenden und in der Saison auch Wild. Wer es ganz authentisch liebt, wirft noch ein paar Schnecken hinein!

Das Olivenöl in einem schweren Topf bei mittlerer Hitze erhitzen. Die Zwiebel dazugeben und etwa 2 Minuten weich andünsten, aber nicht bräunen. Knoblauch, Tomaten, Zimt, Muskatnuss, Paprikapulver und Safran unterrühren und alles weitere 2–3 Minuten garen. Wildpilze, Kaninchen, Wachteln und Hühnerbrühe dazugeben und zum Kochen bringen. Die Hitze reduzieren und alles 15 Minuten köcheln. Butifarrón, Reis und Erbsen hinzufügen und weitere 20 Minuten köcheln lassen. Mit einem Schaumlöffel Fett und Trübstoffe, die beim Kochen an die Oberfläche steigen, abschöpfen. Mit Salz und Pfeffer würzen, die Petersilie dazugeben.

Die Suppe in eine große Terrine umfüllen und am Tisch servieren.

Reis mit Kaninchen

und Schnecken auf spanische Art

- Für 4 Portionen
- Vorbereitungszeit: 15 Minuten
- Garzeit: 25–33 Minuten

[Arroz de conejo y caracoles]

Das Olivenöl in einer breiten, schweren Pfanne oder Paellapfanne bei mittlerer Hitze erhitzen. Die Kaninchenfleischstücke hinzufügen und 6–8 Minuten goldbraun braten. Schnecken, Tomaten, Paprikaschote, Knoblauch und Paprikapulver dazugeben und 3–4 Minuten garen oder bis die gesamte Flüssigkeit verkocht ist. Reis, Safran und Hühnerbrühe hinzufügen, mit Salz und Pfeffer würzen, alles aufkochen und 15–20 Minuten köcheln lassen, bis die gesamte Flüssigkeit vom Reis aufgenommen wurde. Die Pfanne vom Herd nehmen und 2–3 Minuten ruhen lassen.

Das Gericht in der Pfanne zum Tisch bringen und dazu köstliche Aioli servieren.

150 ml	Olivenöl
1	Kaninchen à 1,5 kg, in Stücke zerteilt
24	vorgegarte Schnecken (online erhältlich)
2	mittelgroße Tomaten, gehackt
1	rote Paprikaschote, entkernt und gewürfelt
2	Knoblauchzehen, zerdrückt
1 TL	Paprikapulver
350 g	Calasparra- oder Bomba-Reis
1 Prise	frischer Safran
1,2 l	Hühnerbrühe (Bouillon)
+	Meersalz und frisch gemahlener schwarzer Pfeffer
+	Aioli (siehe Seite 55; zum Servieren)

Die langsame Zutat

[Caracol del viñedo]

Schnecken gelten nicht nur auf Mallorca schon seit langem als Delikatesse. Sie sind seit Jahrhunderten fester Bestandteil der Inselküche, und in den meisten traditionellen Restaurants werden Sie wahrscheinlich jemanden sehen, der sich durch einen großen Teller voll mit Schnecken arbeitet. Ich weiß, dass die Vorstellung, Schnecken zu kochen und zu essen, für manche Menschen eine Gabel weit jenseits des Möglichen erscheint, aber tatsächlich blicken Schnecken auf eine lange, ruhmvolle gastronomische Geschichte zurück und wurden schon zu Zeiten der Römer verspeist.

Auf der Schneckenfarm „Sa Caragolera" im Dorf Binissalem werden vier verschiedene Schneckenarten gezüchtet, die an lokale Restaurants geliefert werden. Mir wurde immer gesagt, dass die besten Schnecken in Weinbergen zu finden sind, wo sie sich von den Weinblättern ernähren. Auf „Sa Caragolera" werden sie allerdings mit frischen Kräutern und Kohl gefüttert.

Vor Jahren in Frankreich habe ich häufig Schnecken gegessen – nur sechs oder acht in einer köstlichen Knoblauch-, Schalotten- und Kräuterbutter, immer schön präsentiert in einer kleinen *escargotière*, in der jede einzelne Schnecke in ihrem eigenen Bett liegt. Als ich zum ersten Mal Schnecken auf Mallorca bestellte, traute ich meinen Augen nicht: Man brachte mir eine Tonschüssel, in der mindestens 50 Schnecken übereinander geschichtet gewesen sein müssen.

In der Regel werden Schnecken wie folgt zubereitet: Zuerst badet man sie etwa eine Stunde lang in etwas Salzwasser mit Essig und Mehl und befreit sie von Sand und Dreck. Danach werden sie noch mehrmals in frischem Wasser gereinigt, wobei man das Wasser jedes Mal wechselt. Dann legt man die Schnecken so in einen Topf mit kaltem, gewürztem Wasser, dass sie ganz bedeckt sind, und bringt das Wasser bei niedriger Hitze langsam zum Kochen. Schaum und Trübstoffe, die an die Oberfläche gelangen, schöpft man ab. Zusammen mit etwas grob gehackter Zwiebel und roter Chilischote, einem Bund frischer Kräuter mit Petersilie, Thymian, Lorbeerblatt und Fenchel lässt man die Schnecken etwa eineinhalb Stunden köcheln. Dann gießt man sie ab und serviert sie kochend heiß mit Aioli.

Auf der Suche nach neuen nachhaltigen Lebensmitteln bieten sich Schnecken als eine gute Option an. Sie verursachen kaum Nebenprodukte oder Abfall, man muss keine Bäume fällen, um sie zu züchten, sie fressen nicht viel und können selbst schon im Alter von sechs Monaten verspeist werden. Und sie können auch noch köstlich schmecken.

Reis mit Meeresfrüchten

auf spanische Art

[Arroz caldoso de mariscos]

- *Für 4–6 Portionen*
- *Vorbereitungszeit: 20 Minuten*
- *Garzeit: 25 Minuten*

100 ml	Olivenöl
300 g	Langostinos (große Garnelen)
1	mittelgroße Zwiebel, fein gehackt
4	Knoblauchzehen, zerdrückt
400 g	Rundkornreis
1 Prise	Safran
1 Prise	Paprikapulver
2	Tomaten, geschält und gehackt
2 l	Fischbrühe (Bouillon)
1 kg	frische Miesmuscheln, geputzt
300 g	frische Venusmuscheln, geputzt
1	kleiner Tintenfisch, geputzt und gewürfelt
200 g	Garnelen (Shrimps), gegart und geschält
300 g	gegartes Krebsfleisch
+	Meersalz und frisch gemahlener schwarzer Pfeffer

Das Olivenöl in einem schweren Topf bei mittlerer Hitze erhitzen, die großen Garnelen dazugeben und braten, bis sie anfangen sich zu verfärben. Zwiebel und Knoblauch hinzufügen und 1–2 Minuten anschwitzen. Reis, Safran, Paprikapulver und Tomaten hinzufügen, die Fischbrühe angießen und alles etwa 10 Minuten köcheln. Miesmuscheln, Venusmuscheln und Tintenfisch hinzufügen und alles etwa 10 Minuten weiter köcheln, bis der Reis bissfest gegart ist. Gegarte Garnelen (Shrimps) und Krebsfleisch dazugeben, den Reis mit Salz und Pfeffer abschmecken und servieren.

Tintenfischreis

[Arroz negro con sepia]

- *Für 6 Portionen*
- *Vorbereitungszeit: 20 Minuten*
- *Garzeit: 25–30 Minuten*

100 ml	Olivenöl
1	mittelgroße Zwiebel, fein gehackt
1	grüne Paprikaschote, entkernt und fein gehackt
2	große Knoblauchzehen, fein gehackt
2	Tomaten, geschält und gehackt
1 TL	Paprikapulver
500 g	Tintenfisch, geputzt und gewürfelt
1 l	Fischbrühe (Bouillon)
4	Päckchen Tintenfischtinte
+	Meersalz und frisch gemahlener schwarzer Pfeffer
400 g	Bomba- oder Rundkornreis
+	gehackte glatte Petersilie (zum Servieren)
+	Zitronenspalten (zum Servieren)

Dieses Reisgericht steht wunderbar für sich allein und schmeckt köstlich mit frisch gegrilltem Fisch und etwas Aioli (siehe Seite 55). Alle spanischen Supermärkte führen Päckchen mit gefrorener Tintenfischtinte. Wenn sie bei Ihnen nicht erhältlich sind, fragen Sie Ihren freundlichen Fischhändler nach drei bis vier frischen Tintenfischtinte-Beuteln.

Das Olivenöl in einer breiten Pfanne oder *paellera* (Paellapfanne) bei niedriger bis mittlerer Hitze erhitzen. Zwiebel, grüne Paprikaschote und Knoblauch dazugeben und etwa 2 Minuten weich anschwitzen. Gehackte Tomaten, Paprikapulver und Tintenfisch dazugeben und weitere 6–8 Minuten garen. Fischbrühe und Tintenfischtinte hinzufügen und zum Kochen bringen. Die Brühe mit Salz und Pfeffer würzen, dann den Reis einrühren und 12–15 Minuten köcheln lassen, bis er gar ist und die gesamte Flüssigkeit absorbiert hat.

Den Reis vom Herd nehmen und vor dem Servieren 3–4 Minuten ziehen lassen. Mit Petersilie bestreuen und mit Zitronenspalten garnieren.

Acquerello-Reis

mit Langostinos, Spargel und Burrata

[Arroz acquerello con cigalas, espárragos verdes y burrata]

- Für 4 Portionen
- Vorbereitungszeit: 10 Minuten
- Garzeit: 23–29 Minuten

20	grüne Spargelspitzen
2 EL	Olivenöl
2	Schalotten, fein gehackt
1	Knoblauchzehe, zerdrückt
250 g	Acquerello-Reis
100 ml	Weißwein
800 ml	heiße Fischbrühe (Bouillon)
20	Langostinoschwänze (Garnelenschwänze), gegart, ohne Kopf und geschält
150 g	Parmesan, frisch gerieben
+	Meersalz und frisch gemahlener schwarzer Pfeffer
50 g	ungesalzene Butter
400 g	Burrata

Mit Sicherheit der ultimative Risotto! Acquerello-Reis, süße Langostinos, frische, knackige Spargelstangen und cremige Burrata. Burrata ist die himmlische Variante des Mozzarellas, supercremig und unglaublich lecker. Sie hat die Form eines Säckchens und ist mit weichen Mozzarellasträngen und Sahne gefüllt.

Die Spargelspitzen in kochendem Wasser 3–4 Minuten blanchieren, dann abgießen und beiseitestellen.

1 Esslöffel Olivenöl in einer schweren Pfanne bei niedriger Hitze erhitzen, Schalotten und Knoblauch dazugeben und 1–2 Minuten leicht anschwitzen, bis sie anfangen zu zerfallen. Die Temperatur auf mittlere Hitze erhöhen, Reis und Wein hinzufügen und rühren, bis der Wein eingezogen ist. Den Reis mit heißer Fischbrühe gerade bedecken, dabei weiterrühren, bis die gesamte Flüssigkeit aufgenommen ist. Weitere Brühe unter ständigem Rühren so lange dazugießen, bis die gesamte Flüssigkeit aufgesogen und der Reis weich ist – das dauert 15–20 Minuten. Zum Ende der Garzeit das restliche Olivenöl in einer kleinen Pfanne erhitzen und die Spargelspitzen durchwärmen.

Langostinoschwänze und Parmesan unter den fertigen Reis heben – er sollte locker und cremig sein. Mit Salz und Pfeffer abschmecken. Die Pfanne vom Herd nehmen und die Butter unter den Reis rühren.

Zum Servieren Reis und Spargelspitzen auf vorgewärmte Schalen verteilen und mit cremigen Burrata-Stücken belegen. Sofort servieren.

Safran

[Azafrán]

Die leuchtend roten Staubgefäße sind seit der Antike hochgeschätzt, damals parfümierte man damit das Badewasser und verwendete sie als Farbstoff – sie färben alles, was mit ihnen in Berührung kommt, gelb. „Safran" leitet sich von dem arabischen Wort *za'faran,* „golden", ab. Safran soll anästhetische Eigenschaften haben, daneben wurde er als Mittel gegen Schlaflosigkeit und Kater eingesetzt. Angeblich ist er auch ein gutes Aphrodisiakum und ein Stimmungsaufheller.

In Spanien wird Safran seit mindestens 1000 Jahren in La Mancha kultiviert; heute ist die Region ein weltbekanntes Anbaugebiet des teuersten Gewürzes der Welt. Wenn man bedenkt, dass 85.000 Blumen benötigt werden, um nur ein Kilo Safran zu erhalten, ist es kaum verwunderlich, dass er so teuer ist. Bis vor kurzem mussten wir den Safran für unser Restaurant vom Festland importieren; neuerdings hat sich jedoch das mallorquinische Unternehmen Especias Crespí zur Aufgabe gemacht, sein Angebot zu erweitern und zu diversifizieren. 2016 pflanzte es beim Dorf Vilafranca 20.000 Safran-Krokusse. Doch dies ist nur der Anfang: Geplant ist, bis zu 200.000 weitere Krokusse zu setzen – mit dem Ziel, jährlich bis zu 25 Kilogramm Safran im reinen Bio-Anbau zu produzieren.

Die Spanier verwenden Safran großzügig und färben und würzen damit viele ihrer berühmtesten Reisgerichte, auch die Paella. Safran hat einen ungewöhnlichen, leicht bitteren, erdigen Geschmack und verleiht Speisen ein leichtes Aroma und eine intensive gelbe Farbe. Im gesamten Mittelmeerraum wird er in Fischsuppen und Eintöpfen verwendet und passt hervorragend zu frischen Miesmuscheln, Jakobsmuscheln, Rotbarben und Seezunge.

Gebackener Kabeljau

mit Safrankruste und Erbsen-Zitronengras-Suppe

[Bacalao en costra de azafrán con crema de guisantes y citronela]

- *Für 4 Portionen*
- *Vorbereitungszeit: 15 Minuten*
- *Garzeit: 25 Minuten*

	Für die Suppe:
50 g	Butter
3	kleine Lauchstangen, in feine Ringe geschnitten
2	Stängel Zitronengras, fein gehackt
1	Zwiebel, fein gehackt
2	Kartoffeln, geschält und gewürfelt
1,5 l	Hühnerbrühe (Bouillon)
1 kg	frische Erbsen, gepalt
250 ml	Milch
+	Meersalz und frisch gemahlener schwarzer Pfeffer

	Für den Fisch:
+	Olivenöl (zum Einfetten)
4	dicke Kabeljaufilets à 200 g
+	Meersalz
100 g	Pinienkerne
1	gelbe Paprikaschote, entkernt und gehackt
1	Knoblauchzehe
2 EL	Olivenöl
1	große Prise Safran

Den Ofen auf 220 °C vorheizen.

Für die Suppe die Butter in einem Topf bei mittlerer Hitze erhitzen. Lauch, Zitronengras und Zwiebel dazugeben und 2–3 Minuten anschwitzen, aber nicht bräunen. Kartoffeln und Brühe dazugeben, zum Kochen bringen und 15 Minuten garen. Die Erbsen hinzufügen und weitere 5 Minuten kochen. Die Milch hinzufügen, dann mit Salz und Pfeffer abschmecken. Die Suppe beiseitestellen und etwas abkühlen lassen. Die Suppe glatt pürieren und dann durch ein Sieb passieren.

In der Zwischenzeit für den Fisch ein Backblech mit Olivenöl einfetten. Den Kabeljau auf das Backblech legen und mit Salz würzen. Pinienkerne, gelbe Paprikaschote, Knoblauch, Olivenöl und Safran in einem Mixer zu einer dicken Paste verarbeiten. Die Kabeljaufilets mit der Paste bestreichen und diese fest andrücken, damit sie haften bleibt. Den Fisch auf mittlerer Schiene im Ofen 6–8 Minuten backen, bis das Fischfleisch nicht mehr glasig ist.

Zum Servieren die Kabeljaufilets mit der Krustenseite nach oben in vorgewärmte Suppenteller legen und die Suppe rundherum angießen.

Weiße Bohnen

mit frischen Venusmuscheln und Safran

[Fabada de almejas con azafrán]

- *Für 4 Portionen*
- *Vorbereitungszeit: 15 Minuten, plus 6–8 Stunden zum Einweichen*
- *Garzeit: 40–50 Minuten*

200 g	getrocknete weiße Bohnen (Cannellini- oder Limabohnen), nach Packungsanweisung eingeweicht
2	Lorbeerblätter
1	Zweig Thymian
3	Knoblauchzehen, geschält
100 ml	Olivenöl
1 große	Zwiebel, fein gehackt
1 kg	frische Venusmuscheln, gründlich geputzt
400 ml	Fischbrühe (Bouillon)
1 TL	Safran
2 EL	frische Semmelbrösel
2 EL	gehackte Petersilie
+	Meersalz und frisch gemahlener schwarzer Pfeffer

Fabada ist ein klassischer, wunderbarer Eintopf aus Asturien, der traditionell mit weißen Bohnen (*faves*), Schweinefleisch und Chorizo serviert wird. An der Küste wird eine einfachere Version mit frischen Venusmuscheln und Safran zubereitet – unglaublich köstlich!

Weiße Bohnen, Lorbeerblätter, Thymian und 1 Knoblauchzehe in einen großen Topf geben, mit kaltem Wasser bedecken und zum Kochen bringen. Die Hitze reduzieren, den Deckel auflegen und die Bohnen 45–60 Minuten köcheln, bis sie weich sind. Dabei immer mal wieder etwas Wasser angießen.

In einem separaten Topf das Olivenöl bei niedriger bis mittlerer Hitze erhitzen. Die Zwiebel dazugeben und etwa 2 Minuten anschwitzen, bis die Stücke langsam weich werden. Venusmuscheln und Fischbrühe dazugeben, alles zum Kochen bringen und 2–3 Minuten kochen, bis sich die Venusmuscheln geöffnet haben (alle Muscheln, die sich nicht geöffnet haben, wegwerfen). Gekochte Venusmuscheln und Brühe in den Topf mit den gekochten Bohnen umfüllen.

Restliche Knoblauchzehen mit Safran und Semmelbröseln in einem Mörser zu einer Paste zerdrücken. Die Bohnen vom Herd nehmen, Paste und gehackte Petersilie unterrühren. Mit Salz und Pfeffer abschmecken und sofort servieren.

Wolfsbarsch mallorquinische Art

mit samtigem Kartoffel-Olivenöl-Süppchen

[Lubina a la mallorquina]

- Für 4 Portionen
- Vorbereitungszeit: 20 Minuten
- Garzeit: 20 Minuten

Für die Vinaigrette:

50 ml	Sherryessig
30 g	Sultaninen
200 ml	Olivenöl
200 g	Kirschtomaten, halbiert
2 EL	Pinienkerne, leicht geröstet
2 EL	gehackte glatte Petersilie
+	Meersalz und frisch gemahlener schwarzer Pfeffer

Für das samtige Kartoffel-Olivenöl-Süppchen:

250 g	Kartoffeln, geschält
1	kleine Zwiebel, gehackt
1	große Prise Safran
800 ml	Fischbrühe (Bouillon)
200 ml	Olivenöl
+	Saft von 1 Limette
+	Meersalz und frisch gemahlener schwarzer Pfeffer

Für den Fisch:

4	Wolfsbarschfilets à 150 g
+	Meersalz und frisch gemahlener schwarzer Pfeffer
+	Olivenöl (zum Braten)
+	Babyspinatblätter (zum Garnieren)

Wolfsbarsch „a la mallorquina" ist eines meiner Lieblingsgerichte. Konsistenzen, Farben und Frische stehen hier für mediterrane Küche vom Allerfeinsten. In der traditionellen Version wird ein ganzer Fisch auf Kartoffelscheiben und Spinat gebacken. Ich habe dem Gericht eine sehr moderne Note gegeben, wobei ich Charakter und Geschmack dieses wunderbaren Rezepts bewahrt habe.

Für die Vinaigrette den Sherryessig in einem kleinen Topf zum Kochen bringen. Die Sultaninen dazugeben und den Topf vom Herd nehmen. Die Sultaninen abkühlen lassen, bis sie den ganzen Essig aufgenommen haben und prall sind, dann mit Olivenöl, Kirschtomaten, Pinienkernen und gehackter Petersilie vermischen. Mit Salz und Pfeffer abschmecken und beiseitestellen.

Den Ofen auf 220 °C vorheizen.

Für das Süppchen Kartoffeln, Zwiebel, Safran und Fischbrühe zusammen in einem Topf zum Kochen bringen und 15 Minuten köcheln, bis die Kartoffeln gar sind. Den Topf vom Herd nehmen, dann Olivenöl und Limettensaft hinzufügen. Das Ganze in einer Küchenmaschine pürieren. Das Püree durch ein feines Sieb passieren, mit Salz und Pfeffer abschmecken und warm halten.

Für den Fisch die Wolfsbarschfilets mit Salz und Pfeffer würzen. Etwas Olivenöl in einer schweren, ofenfesten Pfanne bei mittlerer Hitze erhitzen. Die Filets mit der Hautseite nach unten in die Pfanne legen und 1–2 Minuten braten, bis die Haut knusprig goldbraun wird. Die Filets wenden und 1 weitere Minute braten. Die Pfanne etwa 2 Minuten in den Ofen stellen, um den Fisch fertig zu garen.

Zum Servieren die Wolfsbarschfilets in die Mitte großer Suppenteller legen. Darauf einen großen Löffel Vinaigrette mit Kirschtomaten verteilen und außenherum etwas warmes Kartoffel-Olivenöl-Süppchen angießen. Mit Babyspinatblättern garnieren und sofort servieren.

Safran-Blumenkohl-Couscous

mit roter Paprika-Chermoula

[Cuscús especiado de coliflor con azafrán y chermoula de pimientos rojos]

- Für 4 Portionen
- Zubereitungszeit: 20 Minuten, plus 6–8 Minuten Ziehen

Für die Chermoula:

2	rote Paprikaschoten aus dem Glas, abgetropft
1	Knoblauchzehe, zerdrückt
½ TL	Harissapaste (siehe Seite 156)
3 EL	gehacktes Koriandergrün
1 TL	Kreuzkümmelpulver
1 TL	Paprikapulver
+	Saft von 1 Zitrone
+	Meersalz und frisch gemahlener schwarzer Pfeffer

Für den Couscous:

½	Blumenkohl
80 g	Instant-Couscous
200 g	Kichererbsen (Garbanzo-Bohnen) aus der Dose, abgetropft und abgespült
1	Prise Safran
½ TL	Kreuzkümmelpulver
½ TL	Korianderpulver
¼ TL	Cayennepfeffer
1 Prise	Zimtpulver
150 ml	Gemüsebrühe (Bouillon)
2 EL	Sultaninen
5 EL	grob gehacktes Koriandergrün
+	Meersalz und frisch gemahlener schwarzer Pfeffer

Für die Chermoula alle Zutaten in einer Küchenmaschine glatt mixen.

Für den Couscous den Blumenkohl raspeln oder in der Küchenmaschine pulsieren, bis er Couscous gleicht. Dabei darauf achten, dass er nicht zu sehr zerkleinert und zu Püree wird. Blumenkohl, Couscous, Kichererbsen (Garbanzo-Bohnen), Safran, Kreuzkümmel- und Korianderpulver, Cayennepfeffer und Zimtpulver in einer großen Schüssel vermischen.

Die Gemüsebrühe in einem kleinen Topf zum Kochen bringen und über den Couscous gießen. Die Schüssel mit Frischhaltefolie abdecken und den Couscous 6–8 Minuten ziehen lassen, bis er gerade gar ist. Sultaninen und gehackten Koriander dazugeben und vorsichtig mit einer Gabel unterheben.

Den Couscous mit Salz und Pfeffer abschmecken und mit der roten Paprika-Chermoula servieren.

Crema Catalana

mit Safran, Himbeeren und Orangenblütensirup

[Crema catalana de azafrán, flor de azahar y frambuesas]

- *Für 4 Portionen*
- *Vorbereitungszeit: 15 Minuten, plus 15–20 Minuten zum Ziehen und 2–3 Stunden zum Kühlen*
- *Garzeit: 40–45 Minuten*

500 ml	Milch
150 g	(leichte) Kochsahne (ca. 15 % Fett)
1	große Prise Safran
1	Vanilleschote, längs aufgeschnitten
+	abgeriebene Schale von 1 Bio-Orange
2–3	Tropfen Orangenblütensirup
6	Eigelb
90 g	feinster Zucker (Kastorzucker) plus ein wenig zum Karamellisieren
20	frische Himbeeren plus ein paar zum Garnieren

Safran, frische Himbeeren und Orangenblüten passen perfekt zur Crema Catalana. Traditionell wird sie bei niedriger Hitze eingedickt, ich backe sie aber lieber langsam im Ofen, weil so das Risiko geringer ist, dass die Eier gerinnen. Die Creme sollte ein wenig wabbelig sein, wenn man sie aus dem Ofen nimmt.

Den Ofen auf 90 °C vorheizen.

Milch, Sahne, Safran, Vanilleschote und Orangenschale in einem schweren Topf erhitzen und langsam zum Kochen bringen. Den Topf vom Herd nehmen und die Mischung 15–20 Minuten ziehen lassen. Den Orangenblütensirup hinzufügen und alles durch ein feines Sieb passieren.

Eigelbe und Zucker in einer separaten Schüssel aufschlagen, dann die Sahnemischung unterziehen und gut vermischen.

Die Mischung in 4 Ton- oder Auflaufförmchen umfüllen, in jedes Förmchen 5 Himbeeren legen. Die Creme etwa 35–40 Minuten backen, bis sie fest ist. Auf keinen Fall die Ofentemperatur erhöhen, da die Creme sonst gerinnt. Die Cremeförmchen aus dem Ofen nehmen, abkühlen lassen und im Kühlschrank mindestens 2–3 Stunden kalt stellen.

Zum Servieren die Cremes mit Zucker bestreuen und unter dem heißen Ofengrill oder mit einem Flambierbrenner karamellisieren. Mit frischen Himbeeren garnieren und sofort servieren.

210

Tintenfisch

[Calamar]

Wann immer ich einen Oktopus oder Kalmar in der Hand halte, komme ich unweigerlich ins Grübeln, wie etwas so Hässliches so gut schmecken kann. Aber das Aussehen kann oft täuschen und diese gruselig aussehenden Kopffüßer sind bei richtiger Zubereitung wirklich unglaublich köstlich. Für mich geht nichts über superfrische ganze Tintenfische, die über glühend heißer Flamme gegrillt, mit Knoblauch, Petersilie und Meersalz bestreut und mit Olivenöl beträufelt werden. Vor dem Tentakel-Abenteuer muss man keine Angst haben – sofern man sich an die absolute Grundregel der Kopffüßerküche hält: Sie müssen entweder schnell in sehr kurzer Zeit oder lange und langsam gegart werden; bei allen dazwischenliegenden Varianten ist das Ergebnis ziemlich zäh und widerlich.

In manchen Ländern lösen Tentakel offensichtlich noch immer nervöse Reaktionen aus, das gilt insbesondere für die Briten. So warfen britische Fischer noch bis vor kurzem Tintenfische wieder zurück ins Meer! In Spanien, wo man noch nie so zimperlich oder pingelig war, sind Kopffüßer überall enorm beliebt. Es gibt viele authentische Rezepte für Kalmare (*calamar*), Sepien (*sepia*) und Oktopusse (*pulpo*), wobei jedoch frittierter Tintenfisch (*Calamar a la romana*) wahrscheinlich die beliebteste Tapa in Spanien ist.

Oktopus bedeutet „Achtfüßer" – und genau diese acht Tentakel oder Arme sind zusammen mit dem Unterkörper die kulinarischen Delikatessen dieser etwas merkwürdig aussehenden Lebewesen. Sie schmecken köstlich, wenn man sie einfach 40 bis 45 Minuten kocht, in Ringe schneidet, mit Olivenöl beträufelt und mit Paprikapulver und Meersalz bestreut.

Vor einigen Jahren wurde ich an der kantabrischen Küste zum Tintenfischfangen eingeladen, was mich enorm freute. Allerdings hatte ich nicht auf der Rechnung gehabt, dass Tintenfische nachts gefangen werden und wir in einem ziemlich kleinen Ruderboot hinausfahren wollten. Zum Glück werde ich nicht seekrank, aber ich muss zugeben, dass ich mich schon mehr als unwohl fühlte, als wir auf das Meer hinausruderten, und fast panisch war angesichts der hohen Wellen. Tintenfische schwimmen an der Oberfläche und sind fast durchsichtig, für Beutegreifer sind sie deshalb nicht zu sehen. Die Fischer leuchten mit Lichtern auf das Wasser, um die Tiere anzulocken, und werfen eine dünne Langleine aus, die alle 20 Zentimeter mit winzigen Haken bewaffnet ist. Mit dieser Langleine, die an der Oberfläche durch das Wasser gezogen wird, werden die Tintenfische gefangen. Als die Fischer die Langleine wieder einholten, verschossen die daran verhakten Tintenfische ihre Tinte und wechselten dramatisch die Farbe – es war ein unglaublicher Anblick!

Handfischen mit Haken und Leine ist mühsam und erfordert viel Geduld, aber die Qualität der Tintenfische ist wesentlich besser als die der im Netz gefangenen Tiere. Netzgefangene Tintenfische werden zerschmettert und zerquetscht und haben Sand in der Haut und im Körper. Zum Kochen muss man sie gründlich waschen und die Haut vollständig entfernen, was sowohl Geschmack als auch Farbe mindert. In Spanien sollten Sie auf den Fischmärkten nach *calamar de potera* Ausschau halten, denn diese Tintenfische stammen aus Leinenfang und sind damit von viel besserer Qualität. Natürlich sind sie etwas teurer, aber das sind sie auf jeden Fall wert.

Die Zubereitung von frischen Tintenfischen ist wirklich einfach und wird schon nach wenigen Malen zum Kinderspiel. Ziehen Sie den Kopf mit den Tentakeln aus dem Körper heraus, dann die Haut des Körpers ab und entfernen schließlich das Fischbein, das wie Plastik aussieht. Die Tentakel schneiden Sie direkt über den Augen vom Kopf ab, drücken die Kauwerkzeuge zwischen den Tentakeln heraus und entfernen sie. Körper und Tentakel waschen Sie dann gründlich unter fließend kaltem Wasser ab.

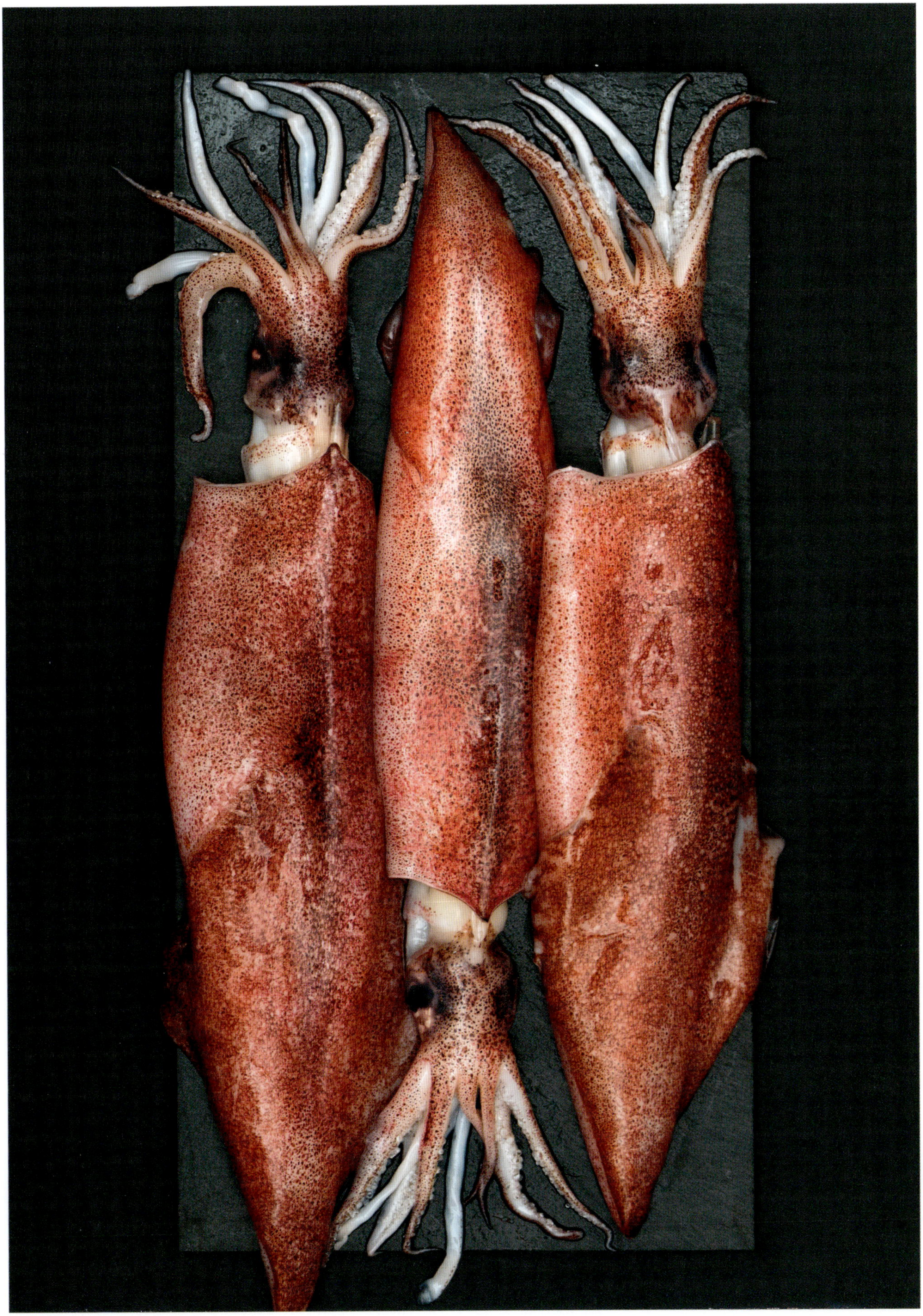

Kalmarsalat

mit neuen Kartoffeln, Chorizo, Rucola und Passionsfruchtöl

[Ensalada de calamar, patata nueva y chorizo con aceite de fruta de la pasión]

- Für 4 Portionen
- Vorbereitungszeit: 25 Minuten
- Garzeit: 8–9 Minuten

Für das Öl:

+	Fruchtfleisch von 4 Passionsfrüchten
150 ml	Orangensaft
150 ml	Olivenöl
+	Meersalz und frisch gemahlener schwarzer Pfeffer

Für den Salat:

16	neue Kartoffeln, gegart und halbiert
+	Olivenöl (zum Beträufeln)
+	Meersalz und frisch gemahlener schwarzer Pfeffer
2	Kalmare, geputzt und in große rechteckige Stücke geschnitten
16	dünne Scheiben Ibérico Chorizo
2	Bund Rucola

Für das Öl Passionsfruchtfleisch und Orangensaft in einem kleinen Topf zum Kochen bringen. Die Hitze reduzieren und die Mischung 2–3 Minuten sanft köcheln, bis sie einzudicken beginnt. Den Sud durch ein feines Sieb in eine Schüssel passieren und das Olivenöl unterschlagen. Mit Salz und Pfeffer abschmecken und beiseitestellen.

Für den Salat die Kartoffeln in einer separaten Schüssel mit Olivenöl beträufeln und sie darin wälzen. Mit Salz und Pfeffer abschmecken.

Eine Grillpfanne bei starker Hitze erhitzen und die Kartoffeln darin 1–2 Minuten scharf anbraten, dann in eine große Schüssel füllen. Die Kalmarstücke in derselben Pfanne auf jeder Seite 30 Sekunden scharf anbraten und zu den Kartoffeln geben. Schließlich die Chorizoscheiben in der Pfanne durchwärmen und ebenfalls zu den Kartoffeln geben. 2 Esslöffel Passionsfruchtöl zu den warmen Zutaten in der Schüssel löffeln, dann den Rucola dazugeben und alles gut vermischen.

Den Salat noch einmal mit etwas Passionsfruchtöl beträufeln und servieren.

Gegrillte Kalmare mit Salat

aus Kichererbsen, Pimientos del piquillo und eingelegten Zitronen

[Calamar a la plancha con ensalada de garbanzos, piquillos y limón en salmuera]

- Für 4 Portionen
- Vorbereitungszeit: 20 Minuten, plus 1–2 Stunden zum Kühlen
- Garzeit: 2 Minuten

Für den Salat:

- 12 Pimientos del piquillo aus dem Glas, klein geschnitten
- 200 g gegarte Kichererbsen (Garbanzo-Bohnen) aus der Dose
- 2 EL gehackte Minzeblätter
- 2 EL Kapern, abgespült und abgetropft
- 1 TL fein gehackte eingelegte Zitrone (siehe Seite 88)
- 2 Knoblauchzehen, zerdrückt
- 4 EL natives Olivenöl extra
- \+ Saft von 1 Zitrone
- 1 große Prise Paprikapulver (vorzugsweise mallorquinisches Tap de Cortí)
- \+ Meersalz

Für die Kalmare:

- 2 mittelgroße Kalmare, geputzt und in große Stücke geschnitten
- \+ Meersalz und frisch gemahlener schwarzer Pfeffer
- \+ Olivenöl (zum Beträufeln)
- 1 rote Chilischote, fein gehackt
- 8 Minzeblätter, gehackt

Kichererbsen (Garbanzo-Bohnen), Pimientos del piquillo und eingelegte Zitronen sind eine tolle Kombination und passen wunderbar zu den frischen Kalmaren, der Minze und den Chilis. Köstlich und ein echter Publikumsliebling! Ich verwende das mallorquinische Paprikapulver *tap de cortí*, aber man kann natürlich nach Belieben jede süße oder leicht geräucherte Paprikapulversorte verwenden.

Für den Salat alle Zutaten in einer großen Schüssel vermengen, mit Salz abschmecken und 1–2 Stunden kalt stellen, damit sich die Aromen entfalten und vermischen.

Für die Kalmare eine Grillplatte oder Pfanne sehr stark erhitzen. Die Kalmarstücke mit Salz und Pfeffer würzen, in die heiße Pfanne legen und mit Olivenöl beträufeln, dann 30 Sekunden braten, bis sie leicht gebräunt sind. Die Stücke umdrehen, noch 1 Spritzer Olivenöl hinzufügen und sie mit der gehackten Chilischote und Minze würzen. Den Kalmar noch einmal 1 Minute braten und dann auf einen Teller geben.

Die Kalmare zusammen mit dem gekühlten Salat sofort servieren.

Scharfe frittierte Calamari

mit Tintenfischtinte-Aioli

[Calamares a la romana con alioli de su tinta]

- Für 4 Portionen
- Vorbereitungszeit: 25 Minuten
- Garzeit: 5 Minuten

Für die Aioli:

4 EL	Aioli (siehe Seite 55)
1	Päckchen Tintenfischtinte

Für die Calamari:

20 g	Stärkemehl
50 g	Weizenmehl
1 TL	Cayennepfeffer
½ TL	geräuchertes Paprikapulver
350 g	Kalmare, geputzt und in 1 cm breite Ringe geschnitten, die Tentakel werden ganz gelassen (große Tentakel können halbiert werden)
+	Pflanzenöl (zum Frittieren)
+	Meersalz
+	Limettenspalten (zum Servieren)

Für die Aioli in einer kleinen Schüssel Aioli und Tintenfischtinte verquirlen und bis zum Servieren kalt stellen.

Für die Calamari Stärkemehl und Mehl, Cayennepfeffer und Paprikapulver in einer Schüssel gut vermischen. Kalmarringe und -tentakel darin so wälzen, dass sie von der Mischung gut ummantelt sind, dann in ein Sieb geben und überschüssiges Mehl zurück in die Schüssel abschütteln.

In einem tiefen, schweren Topf ausreichend Öl zum Frittieren auf 190 °C erhitzen oder bis ein Brotwürfel in 30 Sekunden braun wird. Die Kalmare 2–3 Minuten frittieren oder bis sie goldbraun und knusprig sind, nach der Hälfte der Zeit einmal wenden. Die Kalmare mit einem Schaumlöffel herausholen und auf Küchenpapier abtropfen lassen.

Die Kalmarstücke mit 1 Prise Meersalz bestreuen und zusammen mit der Tintenfischtinte-Aioli und Limettenspalten sofort servieren.

Scharfer Oktopus-Kartoffel-Eintopf

marokkanische Art

- Für 4 Portionen
- Vorbereitungszeit: 15 Minuten
- Garzeit: 25–33 Minuten

[Guiso de pulpo y patatas con especias marroquí]

Das Olivenöl in einem großen, schweren Topf bei mittlerer Hitze erhitzen. Zwiebel, Paprikaschote und Knoblauch dazugeben und dünsten, bis die Zwiebeln weich werden. Oktopus, Paprikapulver, Cayennepfeffer, Ras el-Hanout und Zimtstange dazugeben, mit Gemüsebrühe und gehackten Tomaten bedecken und das Ganze etwa 30 Minuten köcheln.

Die Kartoffelscheiben hinzufügen und etwa 20 Minuten weiterkochen, bis die Kartoffeln gar sind. Mit einem Schaumlöffel Fett und Trübstoffe, die beim Kochen an die Oberfläche steigen, abschöpfen.

Den Eintopf mit Salz und Pfeffer würzen, mit gehackter Petersilie und Koriandergrün bestreuen und mit knusprigem Brot servieren.

150 ml	Olivenöl
1	Zwiebel (vorzugsweise aus Spanien), fein gehackt
1	rote Paprikaschote, entkernt und gewürfelt
2	Knoblauchzehen, zerdrückt
350 g	Oktopus, geputzt und in 4 cm große Stücke geschnitten
1 TL	Paprikapulver
1 TL	Cayennepfeffer
2 TL	Ras el-Hanout
1	Zimtstange
1,5 l	Gemüsebrühe (Bouillon)
400 g	Tomaten, gehackt
400 g	Kartoffeln, geschält, längs halbiert und in dicke Scheiben geschnitten
+	Meersalz und frisch gemahlener schwarzer Pfeffer
2 EL	gehackte glatte Petersilie
2 EL	gehacktes Koriandergrün
+	Krustenbrot (zum Servieren)

Tintenfisch

pica-pica

[Pica-pica de sepia]

- *Für 4 Portionen*
- *Vorbereitungszeit: 20 Minuten*
- *Garzeit: 26–37 Minuten*

1–1 ½ EL	Olivenöl
2	Zwiebeln (vorzugsweise aus Spanien), fein gehackt
600 g	Sepia, geputzt und in Würfel geschnitten
2	Knoblauchzehen, zerdrückt
1	kleine rote Chilischote, fein gehackt
2 EL	trockener Weißwein
2 EL	Tomatenmark
200 g	frische Tomaten, geschält und gehackt
+	Meersalz und frisch gemahlener schwarzer Pfeffer
2 EL	fein gehackte glatte Petersilie

Pica-pica bedeutet „scharf und würzig". Dieses einfache und köstliche Rezept aus Mallorca wird normalerweise als Tapa serviert, ich liebe es aber auch als Zwischenmahlzeit mit knusprigem Brot und Olivenöl. Die Sepien sind die unterschätzten Verwandten der Kalmare, haben eine etwas fleischigere Textur und einen süßeren Geschmack. Wenn Sie nicht genau wissen, wie man sie putzt, bitten Sie am besten Ihren Fischhändler darum – Sepien stecken voller Tinte und können eine schöne Schweinerei verursachen!

Das Olivenöl in einem schweren Topf bei niedriger Hitze erhitzen. Die Zwiebeln dazugeben und anschwitzen, bis sie weich, aber nicht angebräunt sind.

Sepia, Knoblauch, Chilischote und Wein dazugeben und alles 3–4 Minuten kochen, bis der ganze Wein verdunstet ist. Tomatenmark und gehackte Tomaten hinzufügen. Mit Salz und Pfeffer abschmecken. Das Ganze weitere 20–30 Minuten garen, bis die Sepiawürfel weich sind, dann mit gehackter Petersilie bestreuen und sofort servieren.

Tomaten

[Tomates]

Saftige Strauchtomaten sind die ultimative mediterrane Sommerzutat. Voller Geschmack und mit ihrem leicht aromatischen Duft bringen sie die anderen Ingredienzien wie magisch zum Jubeln. Die Spanier lieben Tomaten so sehr, dass sie sie mit einem eigenen Festival, der traditionellen *La Tomatina* feiern. In Valencia ist die Stadt Buñol alljährlich am letzten Mittwoch im August wild entschlossen, sich bei der weltweit größten Lebensmittelschlacht ernsthaft die Hände schmutzig zu machen und die Partygäste mit rund 150 Tonnen Tomaten zu bewerfen.

Bei dieser Tomatenkultur verwundert es nicht, dass die spanischen Bauern einige der schmackhaftesten Tomatensorten der Welt produzieren. Eine Besonderheit ist die *cor de bou* oder Ochsenherztomate. Für manche ist sie die *„pata negra"* unter den Tomaten, dem kann man kaum widersprechen. Im Gegensatz zu anderen Sorten reifen Ochsenherztomaten von innen nach außen. Deshalb kauft man sie am besten, wenn sich auf der grünen Haut erste orangefarbene Streifen zeigen, die sich mit zunehmender Reife tiefrot verfärben. Die Tomaten schmecken dann zwar genauso köstlich, sind aber nicht mehr ganz so knackig. Strauchtomaten sind in der Regel etwas teurer, aber ihren höheren Preis wert: Für das unverwechselbare Aroma sind nämlich die Stiele und nicht die Früchte selbst verantwortlich. Diese können wiederum gepflückt werden, wenn sie sehr reif sind und dann im Allgemeinen intensiver schmecken.

Es ist nicht alles Gold, was glänzt, und beim Tomatenkauf lässt man sich oft durch gutes Aussehen täuschen. Am besten nimmt man sie in die Hand und schnuppert daran – wenn sie nach nichts duften, werden sie höchstwahrscheinlich auch nach nichts schmecken. Tomaten sollte man zudem bei Zimmertemperatur und nie im Kühlschrank lagern, das hemmt ihren natürlichen Reifungsprozess und lässt sie ihr Aroma verlieren. Überreife Tomaten verderben noch schneller, wenn sie gekühlt aufbewahrt werden.

MEDITERRANES UMAMI – DEN FÜNFTEN GESCHMACKSSINN KITZELN

Umami ist der rätselhafte fünfte Geschmack – ein wohlschmeckender, fleischiger Geschmack und ein Katalysator, der das köstliche Aroma bestimmter herzhafter Lebensmittel freisetzt und unterstreicht.

Vor etwa 3000 Jahren entwickelten griechische Philosophen das Konzept unserer vier elementaren Geschmacksrichtungen: süß, salzig, sauer und bitter. Ihre Theorie bestand unbeschadet durch die Zeiten, bis Anfang des 20. Jahrhunderts ein Wissenschaftler in Japan einen fünften, etwas komplizierteren Geschmack entdeckte: Umami. In Japan kitzelten die Menschen traditionell mit *dashi* – einer umamireichen Brühe aus *kombu* (Seetang) – den besten Geschmack aus Lebensmitteln heraus; in Asien ist das Konzept des Umami also schon seit langem bekannt. Besessene Köche glauben heute, dass man gleichsam ein kulinarisches Ideal erreicht, wenn es einem gelingt, die fünf elementaren Geschmacksqualitäten (süß, salzig, bitter, sauer und umami) perfekt auszubalancieren! Glücklicherweise gibt es für alle, die nicht sämtliche Speisen mit Soja- oder Fischsauce begießen wollen, einige von Natur aus umamireiche Lebensmittel wie Sardinen, Makrelen, Austern, Pilze, Trüffeln, Sojabohnen, Kartoffeln und Tomaten.

Tomaten nehmen einen besonders intensiven Umami-Geschmack an, wenn sie getrocknet werden. Der Geschmack von Tomaten ändert sich aus vielerlei Gründen sowohl durch Kochen als auch durch Trocknen, eine Hauptrolle spielt dabei die Zugabe von reichlich Salz, das ihnen die Feuchtigkeit entzieht. Beim Kochen verdichten sich die Aromamoleküle und es intensiviert sich in der Folge der Geschmack. Beim Trocknen der Tomaten spaltet sich die Glutaminsäure – ohne jetzt allzu sehr ins chemische Detail zu gehen – noch weiter auf und wandelt sich in verschiedene Aromamoleküle um. Eine einfache Tomatensauce oder Ketchup enthalten schon viel Umami, aber noch erheblich mehr getrocknete Tomaten. Stellen Sie doch einfach Ihre eigenen sonnengetrockneten Tomaten (siehe Seite 226) her und setzen Sie so das gesamte versteckte Umami frei!

Die perfekte Tomatensauce

[Salsa de tomate]

- *Für 8 Portionen*
- *Vorbereitungszeit: 10 Minuten*
- *Garzeit: 40–45 Minuten*

100 ml	Olivenöl
1	große rote Zwiebel, fein gehackt
3	Knoblauchzehen, zerdrückt
1 kg	Ochsenherztomaten (vorzugsweise Cor de Bou), geschält, entkernt und gehackt
1 EL	Zucker
2 EL	Sherryessig
4	Basilikumblätter, gezupft
2	Lorbeerblätter
1	Zweig Thymian
+	Meersalz und frisch gemahlener schwarzer Pfeffer

Eine gute Tomatensauce ist der Grundstein für viele klassische mediterrane Gerichte und wirklich einfach und befriedigend zuzubereiten. Ich verwende Ochsenherztomaten, je nach Saison können Sie aber auch Beefsteak-Fleischtomaten oder Eiertomaten nehmen. Wenn keine aromareichen, sonnengereiften Tomatensorten erhältlich sind, sind Dosentomaten ein guter Ersatz.

Das Olivenöl in einem schweren Topf bei niedriger bis mittlerer Hitze erhitzen. Zwiebel und Knoblauch dazugeben und 3–4 Minuten anschwitzen, bis sie gerade anfangen zu zerfallen. Die gehackten Tomaten hinzufügen und unter gelegentlichem Rühren 5 Minuten kochen. Zucker, Essig und Kräuter dazugeben und alles 30–35 Minuten langsam garen, bis die Sauce reduziert und eingedickt ist. Ich mag meine Tomatensauce dickflüssig, mit wirklich intensivem Geschmack – wer sie lieber etwas dünner mag, gibt beim Kochen einfach etwas Wasser hinzu.

Die Sauce durch ein feines Sieb passieren und abschmecken. In sterilisierte, luftdichte Behälter abfüllen und bis zu 1 Woche kalt stellen oder bis zu 3 Monate einfrieren.

Pesto

aus sonnengetrockneten Tomaten

[Pesto de tomate seco]

- *Ergibt etwa 300 g*
- *Zubereitungszeit: 10 Minuten*

2	Knoblauchzehen, geschält
150 g	sonnengetrocknete Tomaten (siehe Seite 226 zum Selbstmachen)
1 EL	Pinienkerne
2 EL	frisch geriebener Parmesan
+	frisch gemahlener schwarzer Pfeffer
100 ml	Olivenöl

Pesto rosso ist eine Variante des traditionellen grünen Pestos. Die Zugabe von sonnengetrockneten Tomaten verleiht ihm einen unverwechselbaren, milderen Geschmack. Probieren Sie es mit Nudeln, auf Bruschetta oder bestreichen Sie damit ein Hähnchen vor dem Braten.

Alle Zutaten mit Ausnahme des Öls in eine Küchenmaschine geben und mit hoher Geschwindigkeit mixen, dabei das Öl nach und nach über den Einfüllstutzen einfließen lassen, bis es gut eingearbeitet ist. Das Pesto kann in einem dicht verschlossenen sterilisierten Glas im Kühlschrank bis zu 2 Wochen aufbewahrt werden.

Hausgemachtes Ketchup

aus sonnengetrockneten Tomaten

- Ergibt etwa 450–500 ml
- Vorbereitungszeit: 20 Minuten
- Garzeit: 20–26 Minuten

[Ketchup de tomates secos]

Das Olivenöl in einem großen, schweren Topf bei niedriger Hitze erhitzen. Zwiebel, Knoblauch, Ingwer und Chili dazugeben und 5–6 Minuten unter gelegentlichem Rühren weich dünsten. Frische Tomaten, Tomatenmark, sonnengetrocknete Tomaten, Zucker, Essig, Paprikapulver und kaltes Wasser dazugeben, zum Kochen bringen, dann die Hitze reduzieren und alles 15 Minuten sanft köcheln.

Die Mischung in einer Küchenmaschine glatt mixen, dabei nach Bedarf etwas Wasser hinzufügen. Das Ketchup mit Salz und Pfeffer würzen und durch ein feines Sieb passieren. In einem sterilisierten, luftdichten Behälter kann das Ketchup im Kühlschrank bis zu 3 Wochen aufbewahrt werden.

2 EL	Olivenöl
1	rote Zwiebel, gehackt
3	Knoblauchzehen, geschält
1	Stück frische Ingwerwurzel à 2 cm, geschält und gehackt
1	rote Chilischote, entkernt und gehackt
4	frische Tomaten, entkernt und gehackt
2 EL	Tomatenmark
250 g	sonnengetrocknete Tomaten (siehe Seite 226 zum Selbstmachen), gehackt
1 EL	brauner Rohrzucker (Turbinado)
2 EL	Rotweinessig
1 TL	Paprikapulver
300 ml	kaltes Wasser
+	Meersalz und frisch gemahlener schwarzer Pfeffer

„Sonnengetrocknete“ Tomaten

aus dem Ofen

[Tomates secos]

- *Ergibt etwa 800 g*
- *Vorbereitungszeit: 20 Minuten, plus 30 Minuten zum Ruhen*
- *Garzeit: 6–8 Stunden*

2 kg	reife Eiertomaten
1 EL	Meersalz (vorzugsweise Flor de Sal)
6	Knoblauchzehen, zerdrückt
4 EL	gehackter Oregano
2 EL	gehackte Rosmarinnadeln
+	frisch gemahlener schwarzer Pfeffer
+	natives Olivenöl extra (zum Beträufeln)

Sonnengetrocknete Tomaten verleihen vielen mediterranen Gerichten eine wirklich köstliche Intensität. In meiner Küche sind sie eine fast unverzichtbare Zutat.

Den Ofen auf die niedrigste Temperatur vorheizen (110 °C oder niedriger, falls möglich).

Die Eiertomaten längs halbieren und die meisten Samen entfernen. Die Hälften an den Innenseiten salzen und mit der Schnittseite nach unten 30 Minuten auf einem Kuchengitter ruhen lassen. Dann das Salz unter fließendem kaltem Wasser abspülen und die Tomaten mit Küchenpapier trocken tupfen.

Den Knoblauch mit Oregano, Rosmarin und etwas schwarzem Pfeffer vermischen und die Mischung auf die Schnittseiten der Tomaten streuen. Die Tomaten mit den Schnittseiten nach oben auf ein Kuchengitter über einem Bräter oder der tiefen Fettpfanne legen und mit Olivenöl beträufeln. Die Tomaten im Ofen 6–8 Stunden vollständig durchtrocknen lassen.

Die getrockneten Tomaten in ein großes sterilisiertes Glas schichten und mit Olivenöl bedecken, dann an einem kühlen, dunklen Ort nicht länger als 6 Monate lagern. Die Tomaten nach dem Öffnen kalt stellen und bis zu 1 Monat aufbewahren, bei Bedarf das Olivenöl auffüllen, um sie vollständig zu bedecken.

Gebratene Ochsenherztomaten

mit Kräutern

[Tomates „Cor de bou" asados con hierbas frescas]

- *Für 4 Portionen*
- *Vorbereitungszeit: 10 Minuten*
- *Garzeit: 25–30 Minuten*

4	Ochsenherztomaten (vorzugsweise Cor de Bou oder als Ersatz Beefsteak-Fleischtomaten)
25	Basilikumblätter
12	Zweige Thymian
+	Olivenöl (zum Beträufeln)
1 Bund	Schnittlauch, in feine Röllchen geschnitten
+	Meersalz und frisch gemahlener schwarzer Pfeffer

Diese „fleischigen" Tomaten sind einfach perfekt zum Braten, man kann aber auch große Beefsteak-Fleischtomaten nehmen.

Den Ofen auf 180 °C vorheizen.

Den Stielansatz der Tomaten herausschneiden, damit eine kleine Aushöhlung entsteht, und die Tomaten auf jeder Seite zweimal senkrecht einschneiden. Die meisten Basilikumblätter (einige zum Garnieren reservieren) und alle Thymianzweige in die Aushöhlungen und Einschnitte drücken.

Die Tomaten auf ein Backblech setzen, mit Olivenöl beträufeln und mit reichlich Salz und Pfeffer bestreuen, dann 25–30 Minuten im Ofen braten, bis sie gar und leicht gebräunt sind.

Zum Servieren die Tomaten vorsichtig in kleine Schalen setzen und mit dem Garsud vom Backblech und etwas frischem Olivenöl beträufeln. Mit Schnittlauchröllchen und frischen Basilikumblättern garnieren.

Kalte Tomatensuppe

mit Pimientos del piquillo und frischem Basilikum

[Sopa fría de tomates y piquillos con albahaca fresca]

- *Für 4 Portionen*
- *Vorbereitungszeit: 20 Minuten, plus 3 Stunden zum Kühlen*
- *Garzeit: 30 Minuten*

800 g	reife Tomaten, gehackt
10	Pimientos del piquillo
1	rote Zwiebel, gehackt
3	Knoblauchzehen, geschält und zerdrückt
+	Meersalz und frisch gemahlener schwarzer Pfeffer
4 EL	gutes Olivenöl plus ein wenig zum Beträufeln
200 ml	Mineralwasser
+	ein paar Tropfen Tabasco (nach Belieben)
1	Handvoll Basilikumblätter

Wenn man die Tomaten röstet, intensiviert das den Geschmack der Suppe, die man nach Belieben auch heiß servieren kann. Statt der Pimientos del piquillo kann man auch zwei entkernte und gehackte rote Paprikaschoten nehmen.

Den Ofen auf 200 °C vorheizen.

Tomaten, Pimientos del piquillo, Zwiebel und Knoblauch auf ein Backblech mit hohem Rand (die Fettpfanne) geben, mit Salz und Pfeffer bestreuen und mit reichlich Olivenöl beträufeln. Alles mit den Händen gut vermischen, dann im Ofen etwa 30 Minuten braten, dabei gelegentlich wenden, bis das Gemüse zart und nur leicht gebräunt ist.

Das gebratene Gemüse mit dem Mineralwasser in einer Küchenmaschine glatt mixen, dann durch ein feines Sieb passieren. Noch einmal mit Salz und Pfeffer abschmecken, wenn man es schärfer mag, etwas Tabasco hinzufügen. Die Suppe im Kühlschrank mindestens 3 Stunden oder über Nacht kalt stellen.

Zum Servieren die Suppe in Suppentassen schöpfen, mit frischen Basilikumblättern bestreuen und mit ein paar Tropfen Olivenöl beträufeln. Sofort servieren.

Tomatentarte

mit Oregano und schwarzen Oliven

- Für 4 Portionen
- Vorbereitungszeit: 15 Minuten
- Garzeit: 25–30 Minuten

[Tarta de tomate cherry, aceitunas negras y orégano]

300 g	fertiger Mürbteig
12	Kirschtomaten, halbiert
16	schwarze Oliven ohne Stein
20	Oreganoblätter
4	Eier
350 ml	Crème double
+	Meersalz und frisch gemahlener schwarzer Pfeffer
100 g	Parmesan, frisch gerieben
+	Rucolasalat (zum Servieren)

Den Ofen auf 180 °C vorheizen.

Eine 20 Zentimeter große Tortenform mit Mürbteig auslegen, mit einer Gabel mehrfach einstechen, mit Backpapier oder Backfolie bedecken und mit Blindbackbohnen (Kuchengewichten) beschweren. Den Teig 10 Minuten backen, bis er leicht goldbraun ist. Papier und Blindbackbohnen entfernen und den Boden weitere 3–4 Minuten im Ofen backen.

Die halbierten Tomaten in einem Sieb gut abtropfen lassen, um den überschüssigen Saft zu entfernen. Die abgetropften Tomaten auf dem Teig verteilen und mit schwarzen Oliven und Oreganoblättern bestreuen.

Eier und Crème double verquirlen, dann mit Salz und Pfeffer abschmecken. Die Tomaten mit der Mischung übergießen und die Tarte weitere 10–15 Minuten backen, bis der Belag fest geworden ist.

Den Ofen auf Grillfunktion mit Temperatur umschalten.

Die Tarte mit geriebenem Parmesan bestreuen und goldbraun grillen. Anschließend etwas abkühlen lassen und noch warm mit Rucolasalat servieren.

Salat „Moro Trampó“

[Ensalada trampó con un toque Moro]

- Für 4 Portionen
- Zubereitungszeit: 20 Minuten, plus 20 Minuten zum Ziehen

- 4 sehr reife Strauchtomaten, geschält und fein gewürfelt
- 2 grüne Spitzpaprikaschoten, entkernt und fein gewürfelt
- 2 rote Chilischoten, entkernt und fein gewürfelt
- 1 kleine Salatgurke, geschält, entkernt und fein gewürfelt
- ½ kleine Zwiebel, fein gewürfelt
- 2 EL fein gehackte glatte Petersilie
- ½ TL Granatapfelsirup
- 1 TL Sherryessig
- 3 EL natives Olivenöl extra
- \+ Meersalz und frisch gemahlener schwarzer Pfeffer
- \+ einige frische Minzeblätter, gezupft

An heißen Sommertagen gibt es kaum Besseres als einen schlichten Tomatensalat. An einem warmen Tag auf Mallorca ist *Trampó* das perfekte Mittagsgericht. Es wird einfach aus Tomaten, grünen Paprikaschoten und Zwiebel zubereitet und mit Salz und Olivenöl angemacht. Der Name *trampó* kommt von *trempar*, was auf Mallorquinisch „anrichten“ heißt. Das Grundrezept wird häufig mit allem Möglichen ergänzt, von Artischocken und Kapern über Oliven, Kartoffeln oder gekochten Eiern bis hin zu Kichererbsen, Thunfisch oder Salzdorsch. Meiner *Trampó*-Variante spendiere ich eine orientalische Note mit Granatapfelsirup, roten Chilischoten und Minze.

Tomaten, Paprikaschoten, Chilischoten, Gurke und Zwiebel in eine Salatschüssel geben. Petersilie, Granatapfelsirup, Sherryessig und das Olivenöl dazugeben und alles gut miteinander vermengen. Den Salat 20 Minuten beiseitestellen und durchziehen lassen.

Den Salat mit Salz und Pfeffer würzen, mit gezupften Minzeblättern bestreuen und sofort servieren.

Kirschtomaten-Granatapfel-Salat

mit Feta

[Ensalada de tomates cherry con granada y queso feta]

- Für 6 Portionen
- Zubereitungszeit: 10 Minuten

450 g	gemischte Kirschtomaten, halbiert
1	kleine rote Zwiebel, in sehr feine Ringe geschnitten
1 EL	Rotweinessig
1 EL	Granatapfelsirup
1 TL	Honig
3 EL	natives Olivenöl extra
+	Meersalz und frisch gemahlener schwarzer Pfeffer
4 EL	Granatapfelkerne
150 g	Feta-Käse, zerbröckelt
10	frische Minzeblätter

Eine klassische Kombination, wie sie besser nicht sein könnte! Die farbenfrohe Mischung mit den bunten Kirschtomaten ist zudem eine Augenweide.

Die Kirschtomaten in einer Schüssel mit roter Zwiebel, Essig, Granatapfelsirup, Honig und Olivenöl gut vermengen. Mit Salz und Pfeffer abschmecken.

Den Salat in eine Servierschüssel umfüllen, mit Granatapfelkernen, Feta und frischen Minzeblättern bestreuen und sofort servieren.

Trüffeln und Wildpilze

[Trufas y setas]

Vor einigen Jahren sorgte meine Begeisterung für Trüffeln in einem Flugzeug für ziemlichen Aufruhr. Auf der Suche nach den unterirdischen Schätzen war ich nach Frankreich zu einem Mann gereist, der sein ganzes Leben der Suche nach frischen Trüffeln gewidmet hatte. Dort traf ich den Mann und seinen Hund, inspizierte sorgfältig die schwarzen Schönheiten und händigte ihm schließlich für 24 wunderbare, aromatische, frische Trüffeln eine Riesensumme aus. Sie hatten mich so viel Geld gekostet, dass ich sie auf keinen Fall aus den Augen lassen wollte. Deshalb verstaute ich sie sorgfältig in meinem Handgepäck und fuhr zurück zum Flughafen. Es war ein sehr kalter Nachmittag und ich war überzeugt, dass niemand den versteckten Schatz in meiner Tasche bemerken würde. Ich schaffte es ohne Probleme durch die Sicherheitskontrolle, doch im Flugzeug zehn Minuten nach dem Start, als die Heizung endlich auf vollen Touren lief, begann ein leichter Geruch durch die Kabine zu wabern. Schon bald war das ganze Flugzeug mit einem starken Aroma erfüllt, das laut Gareth Renowdens Beschreibung in The Truffle Book an „alte Socken und Sex“ erinnert! Nachdem sich eine ganze Reihe von Passagieren heftig bei der Kabinenbesatzung beschwert hatte, blieb mir keine andere Wahl, als mich zu melden und zuzugeben, dass der Inhalt meines Handgepäcks der Übeltäter war ... manche Menschen können einfach ein kulinarisches Juwel nicht wertschätzen, wenn sie es riechen. Heute muss ich zum Glück für meine Trüffeln nicht mehr so weit reisen, da ich mittlerweile einen anderen Mann mit Hund kenne, der sie in Mallorcas Bergen aufspürt.

Unter den vielen verschiedenen Trüffelsorten sind die Sommertrüffeln (*tuber aestivum*), die von April bis September Saison haben, am preiswertesten. Sie haben eine runzlige schwarze Außenhaut und ihr braunes Fleisch ist von weißen Adern durchzogen. Sommertrüffeln haben ein feines, aber unverwechselbares Aroma und sind ideal für Canapés, Pastasaucen, Eier, Kartoffeln, Reis, Fleisch- und Fischgerichte. Schwarze Wintertrüffeln *(tuber melanosporum)* sind von November bis März erhältlich und haben ein ausgeprägtes kräftiges Aroma. Weiße Trüffeln gibt es von November bis Februar. Sie sind außen goldgelb und ihr helles, cremefarbenes Fleisch besitzt ein kräftiges, moschusartiges, leicht knoblauchiges Aroma. Sie werden fast nie gekocht, sondern in der Regel frisch verzehrt, typischerweise hobelt man sie in hauchdünnen Scheiben über Pasta, Risotto oder Salat.

Wenn Sie frische Trüffeln kaufen, lagern Sie sie im Kühlschrank und brauchen Sie sie innerhalb einer Woche auf. Viele Köche bewahren Trüffeln zwischen rohem Reis auf. Die Reiskörner erhalten die natürliche Feuchtigkeit der Trüffeln und verhindern, dass sie zu feucht werden. Die Trüffeln wiederum geben ihr köstliches Aroma an den Reis ab, aus dem sich ein üppiges, himmlisches, cremiges Risotto zubereiten lässt.

So wie den Trüffeln haftet auch den Wildpilzen etwas Besonderes an. Zu ihrer geheimnisvollen Aura trägt sicherlich bei, dass sie sich allen modernen Züchtungsversuchen widersetzen und nur wild in Wäldern und auf Wiesen wachsen. Wildpilze standen schon in vor- und frühgeschichtlicher Zeit auf dem Speiseplan unserer Vorfahren, später exportierten die Griechen sie an die Römer, die sie als Speise für die Götter ansahen.

Traditionell gilt der Herbst als beste Jahreszeit für Wildpilze, doch dank Spaniens vielfältiger Mikroklimata reißt der Nachschub das ganze Jahr über nicht ab. Wenn sie Saison haben, sind auf Mallorca die einheimischen *esclatasangs* (wörtlich „Blutpilze“, Weinrote Kiefern-Reizker) sehr beliebt. Die großen, kräftig-aromatischen, fleischigen Pilze eignen sich hervorragend zum Grillen oder Braten.

Am besten bereitet man sie – wie auch große Wiesenchampignons – auf folgende Weise zu: Mit etwas Meersalz bestreuen, mit einem guten Schuss Olivenöl beträufeln und zusammen mit ein paar zerdrückten Knoblauchzehen und viel frisch gehackter Petersilie 5–6 Minuten unter dem heißen Ofengrill grillen. Dazu braucht man knuspriges Brot, um die köstliche Sauce aufzutunken. Aber Vorsicht: Das Suchtpotenzial ist enorm!

Pappardelle

mit Hummer, Trüffel und Schnittlauch

- Für 4 Portionen
- Vorbereitungszeit: 10 Minuten
- Garzeit: 10–12 Minuten (je nach Pasta)

[Pappardelle con bogavante, trufa y cebollino]

Hummer und Trüffeln – opulenter beziehungsweise köstlicher geht es wirklich nicht! Anstelle von Pappardelle kann man auch fast jede andere frische Pasta verwenden.

+	Meersalz
300 g	Pappardelle
1	gegarter Hummer à 750 g
50 g	ungesalzene Butter
1 EL	Olivenöl
2	Knoblauchzehen, zerdrückt
250 ml	Crème double
1 TL	Tomatenmark
+	frisch gemahlener schwarzer Pfeffer
2 EL	feine Schnittlauchröllchen
200 g	Parmesan, frisch gerieben
1	schwarze Trüffel (nach Belieben)

In einem großen Topf Salzwasser zum Kochen bringen und die Pappardelle al dente garen (Garzeit nach Packungsanleitung).

In der Zwischenzeit den Hummer halbieren und die Scheren aufbrechen. Das Fleisch auslösen und in Stücke schneiden.

Butter und Olivenöl in einem großen Topf bei mittlerer Hitze erhitzen. Den Knoblauch dazugeben, dann Crème double und Tomatenmark unterrühren und etwa 2 Minuten köcheln, bis die Mischung eingedickt ist.

Die gekochten Nudeln abgießen und zusammen mit dem Hummerfleisch in die Sauce geben. Vermengen, damit die Sauce gut verteilt wird. Mit Salz und Pfeffer abschmecken

Die Pappardelle in eine Servierschale umfüllen und mit fein geschnittenem Schnittlauch und frisch geriebenem Parmesan bestreuen. Zum Schluss nach Belieben schwarze Trüffel darüber hobeln und sofort servieren.

Risotto

mit schwarzer Trüffel, Salbei und Pecorino

[Risotto de trufa, salvia y pecorino]

- *Für 4–6 Portionen*
- *Vorbereitungszeit: 10 Minuten*
- *Garzeit: 20 Minuten*

900 ml	Hühnerbrühe (Bouillon)
30 g	Butter
1	Zwiebel, fein gehackt
2	Knoblauchzehen, zerdrückt
350 g	Arborio- oder Carnaroli-Reis
1 TL	gehackte Salbeiblätter
100 ml	trockener Weißwein
1 EL	Mascarpone
1 TL	Trüffelöl
2 EL	Pecorino, frisch gerieben
1 ½ TL	Olivenöl
+	frische schwarze Trüffel (zum Hobeln; nach Belieben)
+	Meersalz und frisch gemahlener schwarzer Pfeffer

Die Hühnerbrühe in einem kleinen Topf zum Kochen bringen.

Parallel die Butter in einem separaten schweren Topf bei mittlerer Hitze zerlassen. Zwiebel und Knoblauch dazugeben und unter Rühren etwa 2 Minuten anschwitzen, bis die Zwiebel weich ist. Reis und Salbeiblätter einrühren, mit dem Wein ablöschen und unter Rühren kochen, bis der Wein vollständig aufgesogen ist. So viel heiße Hühnerbrühe dazugießen, dass der Reis bedeckt ist. Weiterrühren, bis der Reis die gesamte Flüssigkeit aufgenommen hat. Unter ständigem Rühren so lange mehr Brühe hinzufügen, bis sie aufgebraucht und der Reis weich ist – das dauert etwa 15 weitere Minuten.

Mascarpone, Trüffelöl und geriebenen Pecorino unterheben, dann mit Salz und Pfeffer abschmecken. Der Risotto sollte locker und cremig sein. Das Olivenöl einrühren und den Risotto sofort servieren, nach Belieben mit frisch gehobelten Trüffelscheiben.

Sellerie-Thymian-Suppe

mit Räucherspeck und Trüffel

[Crema de apio-nabo, tomillo y trufa con bacón ahumado]

- *Für 6 Portionen*
- *Vorbereitungszeit: 20 Minuten*
- *Garzeit: 35 Minuten*

2 EL	Olivenöl
1	Zwiebel, fein gehackt
50 g	Räucherspeck, klein geschnitten
+	weißer Teil von 1 Lauchstange, fein geschnitten
2	Knoblauchzehen, zerdrückt
2	Zweige Thymian, Blätter abgezupft
700 g	Knollensellerie, geputzt und gewürfelt
800 ml	Hühnerbrühe (Bouillon)
200 ml	Crème double
+	Meersalz und frisch gemahlener weißer Pfeffer
2 TL	feine Schnittlauchröllchen
+	frische schwarze Trüffel (zum Hobeln; nach Belieben)

„Suppe beruhigt das Herz, besänftigt die Heftigkeit des Hungers, lässt die Anspannung des Tages verschwinden und weckt und verfeinert den Appetit", wusste der große französische Meisterkoch Auguste Escoffier, und Beethoven meinte, dass nur die im Herzen Reinen eine gute Suppe machen könnten. Sicher ist auf jeden Fall, dass frisch zubereitete Suppen selten die Aufmerksamkeit erhalten, die sie verdienen. Doch von dieser köstlichen Suppe mit Sellerie, Räucherspeck, Thymian und Trüffeln wünscht sich wohl jeder einen Nachschlag!

Das Olivenöl in einem großen Topf bei niedriger bis mittlerer Hitze erhitzen. Zwiebel, Speck und Lauch dazugeben und unter Rühren 2–3 Minuten anschwitzen, aber nicht bräunen. Knoblauch und Thymian dazugeben und weitere 30 Sekunden dünsten, dann Sellerie und Brühe hinzufügen. Die Brühe zum Kochen bringen, die Hitze auf ein Minimum reduzieren, den Deckel auflegen und die Brühe 30 Minuten köcheln.

Den Topf vom Herd nehmen und die Brühe leicht abkühlen lassen. Die Crème double dazugeben und alles mit einem Stabmixer oder in einer Küchenmaschine zu glattem Püree verarbeiten. Mit Salz und Pfeffer abschmecken, dann durch ein feines Sieb passieren.

Die Suppe in Suppentassen schöpfen, mit fein geschnittenem Schnittlauch bestreuen und Trüffelscheiben darüber hobeln oder mit ein paar Tropfen Trüffelöl beträufeln. Sofort servieren.

Frische Hühnerbrühe

[Bouillon]

Suppe verkörpert für die meisten von uns Ernährung, Heilung und Gemütlichkeit. Das Geheimnis einer guten Suppe ist, eine perfekte Brühe zu kochen. Brühen brauchen ein wenig Sorgfalt und Aufmerksamkeit, doch wenn man sich an die folgenden Grundregeln hält, wird man mit einer klaren, gesunden, echt und rein schmeckenden Bouillon belohnt. Denken Sie daran, dass Sie frisch gekochte Brühen auch zur späteren Verwendung einfrieren können.

Für eine einfache Hühnerbrühe 2 saubere Hühnerkarkassen in einen großen Topf geben und mit kaltem Wasser bedecken. Das Wasser langsam zum Kochen bringen, dabei mit einem Schaumlöffel Fett und Trübstoffe abschöpfen, die an die Oberfläche steigen. Die Hitze so weit reduzieren, dass die Flüssigkeit nur noch köchelt, dann 2 kleine gewürfelte Zwiebeln, 2 zerdrückte Knoblauchzehen, 2 klein geschnittene Möhren, 1 klein geschnittene Lauchstange, 1 Lorbeerblatt, 1 klein geschnittene Selleriestange und 2 Thymianzweige hinzufügen. Die Brühe 2–3 Stunden langsam kochen, von Zeit zu Zeit etwas zusätzliches kaltes Wasser hinzufügen und bei Bedarf Fett und Trübstoffe weiter abschöpfen. Zum Schluss die Bouillon durch ein feines Sieb passieren – und schon kann sie verwendet werden.

Gebratene Rosmarin-Austernpilze

mit Knoblauch-Sardellen-Butter

[Setas asadas con romero y mantequilla de anchoas y ajo]

- Für 6 Portionen
- Vorbereitungszeit: 15 Minuten, plus mind. 30 Minuten zum Kühlen
- Garzeit: 15–20 Minuten

Für die Butter:

250 g	ungesalzene zimmerwarme oder weiche Butter
4	gesalzene Sardellenfilets in Öl, abgetropft und klein geschnitten
2	Knoblauchzehen, zerdrückt
2 EL	gehackte glatte Petersilie
+	abgeriebene Schale von 1 Bio-Zitrone
+	Meersalz und frisch gemahlener schwarzer Pfeffer

Für die Pilze:

500 g	Austernpilze, geputzt und halbiert
1 EL	fein gehackte Rosmarinnadeln
1	kleine rote Chilischote, entkernt und fein gehackt
3 EL	Olivenöl
1 EL	Aceto balsamico
+	Meersalz und frisch gemahlener schwarzer Pfeffer
+	gehackte glatte Petersilie (zum Garnieren)

Für die Butter alle Zutaten in einer Schüssel gut vermischen. Die Buttermischung auf Frischhaltefolie oder Backpapier streichen und zu einer Stange rollen, dann im Kühlschrank mindestens 30 Minuten kalt stellen, bis sie fest ist.

Den Ofen auf 200 °C vorheizen.

Die Austernpilze nebeneinander in eine Bratpfanne legen, mit Rosmarin und Chili bestreuen, mit Olivenöl und Aceto balsamico beträufeln und 4 oder 5 dünne Scheiben der Knoblauch-Sardellen-Butter hinzufügen. Die Pilze im Backofen 15–20 Minuten braten, bis sie weich sind.

Die Pilze mit Salz und Pfeffer würzen, mit etwas gehackter Petersilie bestreuen und sofort servieren.

Artischocken und Wildpilze

mit Trüffel und Serrano-Schinken

[Alcachofas frescas con setas, trufa y jamón ibérico]

- *Für 4 Portionen*
- *Vorbereitungszeit: 10–20 Minuten*
- *Garzeit: 15–20 Minuten für die Artischocken, 8–10 Minuten für die Sauce*

	Für die Artischocken:
8	Artischocken
+	Saft von 1 Zitrone
+	Meersalz und frisch gemahlener schwarzer Pfeffer
	Für die Wildpilze:
4 EL	Olivenöl
1	mittelgroße Zwiebel, fein gehackt
3	Knoblauchzehen, zerdrückt
200 g	gemischte Wildpilze, geputzt und klein geschnitten
80 g	Serrano-Schinken, gewürfelt
1 EL	Weizenmehl
120 ml	trockener Sherry oder Weißwein
150 ml	Gemüsebrühe (Bouillon)
+	Saft von 1 Zitrone
8	dünn gehobelte frische Trüffelscheiben (nach Belieben)
2 EL	feine Schnittlauchröllchen
+	Meersalz und frisch gemahlener schwarzer Pfeffer

Artischocken sind unglaublich vielseitig und passen hervorragend zu Trüffeln, Pilzen und Serrano-Schinken. Wenn Sie die Artischocken nicht eigens zubereiten wollen, können Sie auch Artischocken guter Qualität aus dem Glas verwenden.

Um die ganzen Artischocken für das Pochieren vorzubereiten, die unteren, äußeren und verfärbten Blätter entfernen und die Stängel an der Unterseite so flach abschneiden, dass die Artischocken aufrecht stehen. Etwa ein Viertel bis ein Drittel der Artischockenspitze quer abschneiden. Die Schnittflächen mit etwas Zitronensaft einreiben, damit sie sich nicht braun verfärben. Die Artischocken auf ihren Böden in einen Topf aus Edelstahl oder Keramik stellen – wichtig ist ein Material, das nicht mit der Säure der Marinade reagiert – und etwa 5 Zentimeter hoch Wasser aufgießen. Den Zitronensaft hinzufügen und mit Salz und Pfeffer würzen. Den Deckel auflegen und die Artischocken 15–20 Minuten köcheln. Die fertig gegarten Artischocken abtropfen lassen, vierteln, das haarige Heu mit einem Löffel herauskratzen und wegwerfen. Die Artischocken beiseitestellen.

Für die Wildpilze das Olivenöl in einer großen Pfanne bei mittlerer Hitze erhitzen. Zwiebel und Knoblauch dazugeben und 2–3 Minuten anschwitzen. Wildpilze und Serrano-Schinken dazugeben und 1–2 Minuten garen, dann das Mehl einstreuen und gut umrühren. Sherry oder Wein und Gemüsebrühe (Bouillon) unter Rühren dazugießen und das Ganze etwa 2 Minuten kochen, bis die Sauce bindet. Artischockenviertel und Zitronensaft dazugeben und vollständig erhitzen.

Artischocken und Pilze mit Trüffelscheiben und fein geschnittenem Schnittlauch bestreuen, noch einmal mit Salz und Pfeffer abschmecken und sofort servieren.

Mallorca –

eine Insel im Wandel

Sanfte Hügel wechseln zu flachen landwirtschaftlichen Flächen mit Tierhaltungen. Bergrücken münden an Steilküsten und irgendwo schmiegt sich immer ein kleiner Sandstrand in eine Bucht, die man nicht schöner hätte malen können. Zitronenhaine und Palmen säumen die unendlich scheinenden Mauern der Antike. Windmühlen belegen die historische Ackerwirtschaft und sensitive Bewässerung bis in die Neuzeit. Orangenbäume dekorieren ganz selbstverständlich vollkommene Landstriche, während ein zarter Wind den Duft von Grillgut transportiert und Bilder im Kopf entstehen, die einen Besuch in einem Restaurant wie dem von Marc Fosh zwingend zur Notwendigkeit machen.

Zusammen mit seiner deutschen Frau Iris betreibt Marc deren Restaurant FOSH in Palma als das genussvolle Aushängeschild der Insel. Suchtgefahr übrigens nicht ausgeschlossen, denn nicht nur das schön dekorierte Filet auf dem Teller ist es, was die beiden bewegt. Menschen wie die Foshs werden angetrieben von Ganzheitlichkeit, Genuss-Sucht im besten Sinne und der Erfüllung eines Lebenstraums, den sie mit ihrem Team eindrucksvoll in zahlreichen Gängen auf Porzellan kommunizieren. Sie bieten ihren Gästen tiefe Einblicke in die kulinarische Seele der Insel und deren Ökologie, die nirgends lebhafter und konsequenter gelebt wird als hier.

Daher sind die Zutaten weitgehend regional, nachhaltig und planetenkonform von glücklichen Menschen hier auf der Sonneninsel Mallorca produziert worden. Marc Fosh und sein Team stehen mit Verehrung und Respekt zu ihrer Heimat und wissen sie zu schützen, was vor allem in Zeiten des Massentourismus immer schwerer wird. Sie tun dies wie viele andere auf der Insel, damit das ökologische Gleichgewicht der Insel auch für nachfolgende Generationen erhalten bleibt.

Olivenöl, Obst, Gemüse, Wein, Getreide, Hochprozentiges und sogar Reis stammen von hier. Hat man das Olivenöl der Insel auf der Zunge, befindet man sich plötzlich auf einer Zeitreise und erlebt die Mühen von der Ernte der Früchte und der Herstellung des köstlichen Goldes mit einer genüsslichen Leichtigkeit, die Lust macht, mehr davon zu wollen, als statthaft wäre. Die Gäste im FOSH erleben diese Gratwanderung zwischen himmlischer Glückseligkeit und böser Vorahnung, diesen göttlichen Ort irgendwann wieder verlassen zu müssen, weil für den nächsten Flieger bereits eingecheckt wurde. Was bleibt, ist der Nachhall des Erlebten und die Gewissheit, für einen kurzen Augenblick Teil des mallorquinischen Ökosystems gewesen zu sein.

Doch vor dem Abfliegen kommt das Ankommen, was hier auf der Insel von mystischer Bedeutung ist. Auch wenn die Tourismusbranche mit ihren unaufhörlichen ein- und ausschwebenden Fliegern aus aller Welt Menschenmassen auf die Insel liefert, entschwinden diese abends wie der Morgennebel über Palma und verflüchtigen sich wie von Geisterhand auf der Fläche, als wären sie nie dagewesen, wie einst die Ureinwohner Mallorcas.

Vor Tausenden von Jahren, im 13. bis 2. Jahrhundert vor Christus, wurden die Balearen von den Ureinwohnern besiedelt, die es sich zu dieser Zeit in ihren bis heute sichtbaren steinernen *Talaioten* (Steintürmen) gemütlich machten.

Noch vor hunderten von Jahren eroberte man Mallorcas Landflächen mit dem Schwert. Heute sind es die Smartphone-Junkies, die doch meistens friedvolle Eroberer sind und das Erlebte auf den Servern dieser Welt positionieren, solange die Akkus halten. Doch die Realität in Echtzeit unter Dattelpalmen mit dem Duft des wilden Rosmarins sind Erfahrungen, die man sich ganz pur gönnen sollte. In diesem Moment des Innehaltens versteht man dann auch die Schafe, die sich an den Wildkräutern laben und somit dafür sorgen, dass der Koch kein weiteres Gewürz benötigt außer feinem Meersalz und Olivenöl. Die einheimischen Tierarten vermitteln schon alleine durch ihre Anwesenheit eine fühlbare Wärme, die durch nichts aus der Ruhe zu geraten scheint. Sie vermitteln die notwendige Wertschätzung für die Insel, welche die beste Währung ist. Und mit Respekt für Land und Leute lebt es sich bedeutend angenehmer für alle – ob nun Tourist, Flughafenmitarbeiter, Resident oder Taxifahrer.

Liegt der Trubel des Flughafens hinter einem, genießt man plötzlich den Duft der Pinien, atmet die Aromen der Artischockenfelder und berauscht sich an den Düften der Orangen- und Zitronenblüten, die sich auch lustvoll auf den genüss-

lichen Kreationen von Marc Fosh und seinem Team stilecht wiederfinden. Selbst die Meeresluft, die völlig unterschwellig ihren Dienst verrichtet, ist ein Teil des Gesamtkunstwerks und dokumentiert das Willkommensein auf einem der gesegneten Flecken dieses Planeten. Dies auch gerade in der Nebensaison, wenn alles etwas beschaulicher funktioniert und im Winter die Wertigkeit dieser Insel erlebbarer wird als im Sommer.

Sollten Sie von diesen intensiven Momenten so in ihren Bann gezogen worden sein, dass Sie sich dazu entscheiden, hierher übersiedeln zu wollen, seien Sie bitte respektvoll und machen Sie sich die ganzheitliche Lebensart der

Taronja

Inselbewohner zu eigen – denn dann werden Sie auf Mallorca glücklich. Das Leben mit den Elementen ist hier eine Grundsätzlichkeit, die den Tageszyklus bestimmt. Wetter ist traditionell ein großes Thema, denn Mallorca ist im Grunde ein „Agrarland", das noch heute einen signifikanten Teil der Inselbevölkerung auch jenseits des Tourismus ernähren kann. Beleg dieser Expertise sind die so gerne besuchten Wochenmärkte, auf denen Produzenten wie Käsemacher, Metzger, Olivenölbauern und Handwerker ihre kostbaren Produkte darbieten, die tatsächlich auf der Insel hergestellt werden. Zu gerne lässt man sich zu einer Salami hier und einem *café con leche* dort verführen ... und da ist es plötzlich, das Leben, nach dem wir uns alle sehnen.

Ob der malerische Hafen von Cala Figuera, bei dessen Anblick die Zeit an Bedeutung zu verlieren scheint, oder die sanft geschwungenen Hügel mit den Agrarflächen um Felanitx, der Reisanbau in den Senken vor Alcúdia und die

Artischockenfelder um St. Maria del Cami – alles vereint sich in Harmonie, die sich unendlich erscheinend in die Bergregion um Bunyola hinaufzieht, wo sie in Orangen- und Zitronenplantagen mündet und durch die steinernen Rücken der schützenden Sierra Tramuntana einen würdigen Rahmen erhält. Der durch Klima und Boden natürlich begünstigte Weinbau trägt zum Genussambiente bei und wurde in den letzten Jahren zu einem Höhepunkt für Genießer, die sich nicht selten direkt ihren Wein nach dem Restaurantbesuch im FOSH von Iris nach Hause senden lassen.

Die wundervollen Olivensorten Picual und Arbequina sind das erwähnte Gold der Insel und werden seit Anbeginn der Zeit von den knorpeligen Bäumen geerntet, die heute wie Objekte einer anderen Zeit die Straßenränder säumen. Wer die

große Bedeutung dieses Schatzes erkannt hat, ist auf dem besten Wege, die Seele Mallorcas zu entdecken, und entwickelt eine respektvolle Liebe zu den Menschen und der Landschaft dieses Weltkulturerbes. Dann sehen Sie plötzlich Dinge, die dem Kurzzeitbesucher verborgen bleiben, und ergreifen Partei für die vielleicht schönste Insel der Welt.

Doch eines darf dabei nie vergessen werden: Mallorca ist trotz seiner gefühlten Größe ein Handtuch im Mittelmeer, dessen Ökosystem extrem empfindlich reagiert und alles, was hier nicht hergestellt wird, muss auf die Insel gebracht werden. Und soll am Ende auch wieder herunter, wenn es keiner Bedeutung für die Insel und deren Dauerbewohner positiv als Zugewinn hinzuaddiert werden kann.

Unser Tipp dazu: Beschäftigen Sie sich bitte eingehend mit Ihrem Reiseziel der Balearen und lassen Sie sich nicht während der schier endlosen Durchquerungen der Insel von den Distanzen täuschen. Nehmen Sie sich dazu einen „alten" Weltatlas aus der Schulzeit und suchen Sie Mallorca (nicht im Internet!). Dann verstehen Sie, wie winzig diese Insel tatsächlich ist und wie empfindlich jeder ökologische Fußabdruck auf ihr nachfolgende Generationen schmerzen kann. Erst mit der Erkenntnis, dass nicht alles unbegrenzt zur Verfügung steht, und diesem Vergleich erkennen Sie im Zusammenhang die große Leistung jener, die Ihnen wie Marc und Iris Fosh einen unvergesslichen Augenblick in Ihrem Leben schenken, von dem Sie lange zehren werden.

Mallorca -

Lage und Übersichtskarte der Insel

Mallorca
Pollença
Port de Pollença
Alcúdia
Sa Calobra
Badia d´Alcúdia
El Port
Campanet
Sa Pobla
Can Picafort
Sóller
Selva
Deià
Muro
Inca
Santa Margalida
Artà
Cala Rajada
Valldemossa
Binissalem
Banyalbufar
Consell
Esporles
Llubí
Son Servera
Cala Millor
Puigpunyent
Santa Maria del Camí
Vilafranca de Bonany
Manacor
PALMA
Algaida
Porto Cristo
Andratx
Calvià
Porreres
Sa Mola
Magaluf
Can Pastilla
Llucmajor
Felantix
Cala Murada
Badia de Palma
Campos
Cala d´Or
Santanyí
Ses Salines
Cala Pi
Cala Llombards
Colònia de Sant Jordi
Mittelmeer
Es Port
N
W
O
S

Register

Danksagung

Ich möchte meine Dankbarkeit für alle ausdrücken, die bei der Produktion dieses Buches beteiligt waren. Zuallererst muss ich meiner wunderbaren Frau Iris für ihre unermüdliche Arbeit danken und dafür, dass sie mich bei allem, was wir tun, täglich erträgt!

Dieses Buch wäre niemals ohne Nando „One-Shot" Esteva möglich gewesen. Vielen Dank für deine Freundschaft und dafür, dass du meine Speisen mit deinen umwerfenden Fotos zum Leben erweckt hast.

Ewig dankbar bin ich auch Barbara Levy, weil sie nie aufgab und geholfen hat, dieses Buch zu realisieren, und meinem wunderbaren Restaurantteam (insbesondere Luigi & Ignacio): Danke für eure Unterstützung, Begeisterung und Hingabe.

Vielen Dank auch an Emily Preece-Morrison für die Hilfe beim Schreiben und Redigieren und nicht zuletzt einen ganz besonderen Dank an Daniel Hurst, Georgina Hewitt und das gesamte Team von Watkins Publishing für Ihre Anleitung, Geduld und Ihr Verständnis!

Bildnachweis

Alle Fotos: © Nando Esteva, mit Ausnahme von:

Olaf Barken: 178/179, 252, 254, 256/257, 263 u.

Shutterstock.com: u1 (briddy), 12 o. (AK-Media), 12 u. (Nacho Mena), 15 (Chantarat), 26 o. (Fortyforks), 26 u. (iravgustin), 55 (ORLIO), 76 u. (Daniel Reiner), 97 (anna.q), 151 (Jenn Huls), 170 (Timolina), 183 (Jiri Hera), 189 (KrimKate), 196 o. (StanislavBeloglazov), 196 u. (Fresnel), 208 u. (ShutterOK), 211 (Anna Moskvina), 261 (Ursa Studi), 264 (Andrei Minsk), 256 (ii-graphics, Serhiy Smirnov)